参議院

倉山満

光文社新書

参議院

目次

第四章　参議院が政治を動かした時代

第五章　拒否権集団が内閣を短命に

序章

貴族院、枢密院、参議院

「参議院研究」って、意外とない

「第二院は第一院に賛成するなら不要。反対するなら有害」。

フランス革命を指導した政治家アベ＝シェイエスの言葉です。一七八九年、フランス革命が勃発。その後の憲法制定に際し、一院制の議会制度にしようとして、二院制を批判した言葉とされます。もっとも、当のフランスでは一院制を採用した結果、議会が暴走し恐怖政治を招いたので、その後は二院制を取り入れていますが。

シェイエスの言葉は蓋《けだ》し名言です。日本の議会政治にも大いに当てはまり、今でも説得力を持ちます。

日本国憲法下での第二院、すなわち、参議院にもシェイエスの指摘した問題が常について回ってきました。

昭和の参議院は衆議院の「カーボンコピー」といわれるほどで不要でしたし、平成時代はほとんどの期間がねじれ国会であったために有害でした。平成二十四（二〇一二）年十二月に安倍晋三《しんぞう》が総理大臣に返り咲いて以降は、どんな選挙を行おうが常に自民党が勝つので、参議院は再び不要に戻ってしまったと思われてきました。

参議院は要らないのではないか。これが参議院の存在をめぐる議論の中心です。

では、議論のもとになる参議院の研究は、これまでどのように行われてきたのでしょうか。参議院の通史に関しては、参議院自身が出版した『参議院50年のあゆみ』（一九九七年）と『写真でみる参議院六十年のあゆみ』（二〇〇七年、非売品）の二冊、そして竹中治堅《はるかた》氏の『参議院とは何か』（中央公論新社、二〇一〇年）くらいしか見当たりません。参議院研究って、意外とないのです。もちろん個々の史実に関してはそれなりにあるのですが、参議院全体を俯瞰する研究はほとんどありません。

参議院が出した二冊は参議院の誕生からそれまでのあゆみを時系列で記し、事実と書いてもよい建前に終始していて、一種のデータブックのような内容となっています。特に『写真でみる～』のほうは写真をふんだんに使った構成です。付属のＤＶＤにはコンパクトにまとめたドキュメンタリー番組仕立てになった二十分強の映像で、日本語と英語でナレーションが入っています。

一方の竹中氏の著作は発表媒体が中公叢書であり、学術論文的な記述で参議院そのものが描かれているものの、参議院を取り巻く肉付けの部分に物足りなさを感じざるを得ません。そりゃ、中公叢書で血沸き肉躍る作品は出せないでしょう。「学者が書く叢書」である性質上の限界というしかありません。また、現代史に関しては平成二十二（二〇一〇）年から平成二十五（二〇一三）年までに重要なことが起きているのですが、残念ながらそれ以前の二〇一〇年出版の竹中氏の本では扱い得るはずがありません。

二〇一三年以降、参議院がまた「カーボンコピー」に戻ったとはいえ、そこにはまったく重要なわけではない隠れたファクターがあるにもかかわらず、それに対するまともな言及がないのは参議院研究の薄さを物語っています。

この本では二〇一〇年以降も扱うのはもちろん、竹中氏が踏み込めなかった参議院周辺により深く迫り、現代史における重要なファクターに切り込んでいきます。

戦前の貴族院はよくわからない存在だった

参議院は戦後、日本国憲法とともに誕生した第二院です。

明治時代から帝国憲法のもとに存在した第二院は貴族院でした。戦後の参議院は戦前の貴族院と似てはいるのですが、実は似て非なる存在です。

まず、日本の貴族院がどのようなものだったのか、押さえておきます。

日本の貴族院はそもそも出発点から、他の国とは違っていました。ヨーロッパの多くの国は貴族を議会に押し込むために貴族院をつくったのに対して、日本は貴族院をつくるためにわざわざ貴族をつくったようなものです。明治維新は別名「武士階級の集団自殺」ともいわれます。下級武士たちが、幕府、大名、それに公家のような特権的階級を破壊し、天皇の名で四民平等を宣言します。明治元（一八六八）年の討幕以後、明治十八（一八八五）年の内閣制度創設まで、半年に一回の割合で大行政改革を続けます。たとえば四国が五つになったり三つになったり。

ただし華族制度を設けて、それまでの公家や大名を華族としました。江戸時代まで特権階級だった人を「お前は今日から平民だ」とやるわけにはいかないので、華族制度を残したのです。明治十七（一八八四）年から真面目に制度を整備し始め、「公侯伯子男《こうこうはくしだん》」の五つの爵位を制定。明治二十三（一八九〇）年に開会される貴族院の議員資格としました。

こうした経緯から、貴族院をつくるために華族制度をつくったともいえ、日本の貴族院は本末転倒の、よくわからない存在でした。

貴族院をさらにわからなくしているのが、枢密院《すうみついん》です。

帝国憲法ができる前に天皇の諮問機関として設置された枢密院が、帝国憲法の施行後もそのまま残ってしまっていたからです。帝国憲法体制は、衆議院、貴族院、枢密院から成る、事実上の三院制のような状態だったのです。

では、内閣と貴衆両院、枢密院の関係はどうだったのでしょうか。詳細は小著『検証 内閣法制局の近現代史』（光文社新書、二〇一二年）に書いたので、ここでは要点だけ押さえます。

各官庁は自分たちができないことをできるようにするために法案をつくり、政府は貴衆両院に「こういう法案を通してください」と説明します。通れば法律になります。法制局の官僚は国会議員相手に説明にいくときは怖くないのです。なぜならそのころの衆議院議員は自由民権運動の闘士であり、貴族院議員は議員といえども〝お華族様〟だからです。どっちも法律の素人です。

ところが、枢密院に対しては勝手が違いました。枢密院には現役官僚の先輩にあたる、今でいう歴代事務次官経験者のような人たちが揃っていて、おかしなことをしないように目を光らせていたからです。イギリスに今もある枢密院が単なる名誉職であるのとはかなり違っていました。イギリスでは衆議院を基盤とする内閣と貴族院が法律を決めるので、枢密院は名誉職なのです。

なぜ、日本の枢密院は帝国憲法がつくられたあとも残り続けたのか。帝国憲法ができた当時から疑問でした。二院制で貴族院があるのに、なぜ枢密院があるのかと。その疑問は、昭和の占領期に帝国憲法の廃止とともに、枢密院が廃止されるまで常につきまとっていました。結論からいえば、憲法草案に携わった伊藤博文《いとうひろぶみ》らによって枢密院は残されたのです。

帝国憲法をつくる大詰めの段階で憲法草案（二月草案）に新たに第五十八条「枢密院は天皇の諮問を応ふ」がさしはさまれ、「伊藤ら憲法起草者たちは憲法原案の審議を行う機関を設置し、憲法発布後も天皇の諮問機関として存続させることで合意していた」といわれます（望月雅士『枢密院　近代日本の「奥の院」』講談社現代新書、二〇二二年、一二六頁）。

ここで指摘しておきたいのは、枢密院は本来ならば貴族院がやるべきことの権限を持っていたがゆえに、貴族院そのものが何のためにあるのかがよくわからなくなっていた事実です。

二院制の国、たとえば憲政の母国のイギリスでは、政治の決定は選挙で選ばれた衆議院が行います。衆議院と内閣は一体です。それに対して、専門家の見地から修正を加えるのが、貴族院の役割です。選挙で選ばれた人たちの決定を覆すことはできないが、正すことはできる。何百年もの闘争を経て、こうした運用になりました。

帝国憲法の時代、衆議院がわからず屋のたまり場なら、貴族院に〝歴代事務次官ＯＢ〟級の人たちを揃えておけば良かったのですが、そういう人は、枢密顧問官となりました。戦前は宮中序列、その名の通り宮中に呼ばれたときに並ぶ場所で格付けがされるのですが、貴族院議員より枢密顧問官のほうが上でした。貴族院は枢密院の二軍のような存在でした。

参議院は貴族院よりも戦前の衆議院に似ている

参議院に健全な機能を持たせる解決策は、本来貴族院が持つべきであった、枢密院の機能を参議院に持たせればよく、枢密院と貴族院を足したものを参議院にすればいい話なのですが、そう簡単にはいきません。

参議院の問題を考える場合、多くの人は「参議院は貴族院に似ている」と考えるのですが、それが勘違いです。

参議院は、イメージとしては当時の衆議院のほうに近いのです。

平成の参議院は、衆議院に対して拒否権集団と化していました。帝国憲法の時代の拒否権集団は第二院の貴族院ではなく、衆議院のほうでした。この事実一つをとっても、参議院と貴族院が大きく違い、衆議院に近い振る舞いをしているのがわかります。

なぜ衆議院が拒否権集団だったのか。明治政府をつくったのは薩長を中心とした藩閥でした。元老と呼ばれる指導者たちが集団指導体制をとり、長州の伊藤博文、山縣有朋《やまがたありとも》、薩摩の黒《くろ》田《だ》清隆《きよたか》、松方正義《まつかたまさよし》らが、宮中、枢密院、貴族院、陸海軍、その他の官僚機構を傘下におさめていた一方で、選挙で選ぶ衆議院だけは、薩長に敵対的な土佐、肥前の出身で自由民権運動に関わっていた人たちが多数派を持っていたからです。

また、歴史学の通説だけでなく、憲法学でも衆議院は予算先議権しか持っていない弱い存在だったとの誤りがはびこっています。しかし事実を見れば、予算先議権は決定権にほかなりません。大蔵省主計局が徹夜して予算をつくろうが、衆議院は気に入らなければ平気で否決してしまうので、かつての大蔵省主計局自体が強い官庁ではなかったというのは、小著『検証　財務省の近現代史』（光文社新書、二〇一二年）に書いた通りです。

ここで問題なのは、この時代、内閣と衆議院が一体化していないことでした。帝国憲法上の衆議院は条文上、内閣と一体化しないのが前提なのです。政府がつくった予算を平気で否決してしまうのは、衆議院が内閣と一体化せず独立していた証拠です。それどころか、事あるごとに藩閥批判で内閣を潰す拒否権集団です。予算は国家の意思。予算を通すために元老は衆議院の時の多数派に頭を下げ、それでも気に入らなければ潰される。予算ごと吹っ飛んだ内閣は数知れず。

現実に、衆議院を無視しては政治ができません。そうしたことから、日露戦争に勝利したあとは、衆議院の多数派が内閣を組織する「憲政の常道」が求められるようになります。昭和初期には、二大政党による「憲政の常道」が確立しました。帝国憲法の条文が変わったわけではありませんが、破れない慣例と化しました。こうした慣例のことを、憲法習律といいます。衆議院の多数派が内閣を組織するので、「我が党内閣」がつくった予算を与党は否決しません。二大政党とは大正時代の名称でいえば、土佐の板垣退助《いたがきたいすけ》系の末裔である立憲政友会と、肥前の大隈重信《おおくましげのぶ》系の末裔である憲政会です。もっとも、昭和七（一九三二）年以降は、戦前戦中の大混乱期になり秩序も何もなくなりますが。

さて、「憲政の常道」が確立するまで、衆議院は時の内閣に対する拒否権集団として振る舞いました。衆議院を基盤とする政党内閣に対して貴族院が抵抗したこともありますが、貴族院が時の内閣を倒したことはありません。パワフルな衆議院に対し、最後は行儀良く妥協する貴族院。存在感は衆議院のほうが圧倒的です。

内閣に対する拒否権集団になりうる

今の参議院と帝国憲法下の衆議院は、内閣不信任をめぐる立場においてもよく似ています。参議院は、問責決議案は出せても、内閣不信任案は出せません。一方、かつての衆議院は内閣不信任決議を出すのは勝手で、出してもいいのだけれど、決定権がありませんでした。出すことはできても決定権がないのであれば、出せないのと同じです。つまり、今、参議院に問責決議案を出されても、当時、衆議院に内閣不信任決議を出されても首相は辞めなくていいわけです、憲法の条文上は。

では、憲法の条文上は辞めなくていいからと、そのまま首相が居座ればどうなるか。居座る首相がたどる道もまた同じで、どちらも政権は立ち行かなくなります。参議院を無視すれば法案が通らなくなり、帝国憲法下でも衆議院の不信任案を無視すれば予算も通らなくなり、辞めざるを得なくなりました。

参議院と帝国憲法下の衆議院はどちらも憲法上の権限がないのに、実質的な力でもって影響力を行使する存在だったわけです。

ついでに、この点での貴族院に触れておくと、昭和初期の田中義一《ぎいち》内閣のとき、貴族院は内閣の出した法案をことごとく否決することもありました。しかしそこはしょせん、お華族様の貴族院ですから、予算関連法案まで否決するなどはやらないのです。

これは当時の内務省警保局の存在も大きく影響しています。なにしろ、内務省警保局はお華族様の生活の面倒を見るのが仕事であり、今でいう天下り先、かつ、補助金行政担当のところで、貴族院をいくらでも操縦できるといわれていたのですから。

帝国憲法にも日本国憲法にも衆議院があるので、貴族院の後身が参議院だと即断しがちで、あながち間違いではありません。しかし、補助線として内閣の視点で見ると、「拒否権集団になりかねない機関」である点で、参議院は戦前の衆議院のほうに貴族院よりも似ているのです。

「憲」「政」「史」の手法によって参議院を解明する

いきなり問題です。

なぜ戦前の内閣は、戦後の内閣より任期が短いのか。

これは平成十（一九九八）年四月に私が受けた大学院入試で出された問題です。その前に、東京大学の学部の問題に出されていたようですが。

一九九八年の時点で戦前の内閣を連続在職日数で見ると、最長が日露戦争のときの第一次桂太郎内閣の一六八一日、次いで日清戦争のときの第二次伊藤内閣が一四八五日で四年は続いていますが、どちらも世紀の大戦争に勝った内閣。明治期のこの二つを除き、その後は四年も続いた内閣は一つもありません。「一人の大臣が造反すれば総辞職しなければならない」のような厳しすぎる憲法習律や、衆議院がしょっちゅう藩閥内閣を潰すなど、戦前の内閣の任期が短いのには理由がいろいろとあります。だから、「帝国憲法体制において、内閣に対する多くの拒否権集団が存在した」と説明させるのが、出題意図です。

ここで平成十（一九九八）年という時代です。当時は、「自民党が何回やっても選挙に勝つ」と思われていました。田中角栄《かくえい》（昭和四十七～九）、三木武夫《たけお》（昭和四十九～五十一）、福田赳夫《たけお》（昭和五十一～三）、大平正芳《まさよし》（昭和五十三～五）、ついでに鈴木善幸《ぜんこう》（昭和五十五～七）と、「歌手一年、総理二年の使い捨て」と短命政権が揶揄されましたが、帝国憲法下の内閣なら普通の長さです。衆参両院選挙で必ず勝つ自民党政権が大半の戦後と、いろんな所に気を遣わなければならない戦前を比べると、戦前のほうが短くなるに決まっているので、この「いろんな所」である、元老・宮中・枢密院・貴族院・官僚・陸海軍・そして衆議院がどのようであったかを答えさせるのは、歴史学として良問です。

ただし歴史学は森羅万象のすべてを説明できる万能の学問ではなく、当たり前ですが限界があります。その限界の最大が、「実際に起きていないことに言及してはならない」です。だから、他の学問で補わないと、世の中の真実にはたどり着けないのです。

一方、政治学では、起きていない事象に関しても考えるのは、可能です。

昭和二十二（一九四七）年から平成十（一九九八）年までのほとんどの期間で、自民党は衆議院選挙と参議院選挙のどちらでも勝っていました。

自民党が成立した昭和三十（一九五五）年から現在に至るまで、自民党が衆議院選挙で完全に負けたのは平成二十一（二〇〇九）年の麻生内閣のときに行われた第四十五回衆議院議員総選挙の一回だけです。だから、私が大学院入試を受けた平成十（一九九八）年の時点では、自民党は一回も負けていません。

参議院選挙で、誰がどのように見ても自民党が負けて第二党となった最初は、第一次安倍内閣のもとで行われた平成十九（二〇〇七）年第二十一回通常選挙です。

確かに、宇野宗佑《そうすけ》内閣のときの第十五回（平成元年）と第二次橋本龍太郎改造内閣のときの第十八回（平成十年）の二回は自民党が大敗したと捉えられ、内閣総辞職に至りました。ただし、この二回は厳密にいえば負けたとはいえません。なぜなら自民党は、参議院第一党の地位は保持していましたので。だから、平成十年の時点では、自民党が必ずしも参議院選挙に勝てるとは限らない、という予兆しかないのです。

そして本書で縷々《るる》説明する通り、宇野内閣が退陣に追いやられた平成元年の参議院選挙からは、参議院選挙の敗北が内閣交代どころか政権交代につながります。それが解消されるのは、平成二十五（二〇一三）年参議院議員通常選挙での第二次安倍晋三内閣の勝利によってです。この選挙からは、「何回選挙をやっても衆議院でも参議院でも自民党が勝つ」に戻ります。

この間、参議院の地位は、少なくとも憲法上は何も変わっていません。だから「なぜ戦前の内閣は、戦後の内閣より任期が短いのか」との問いに対し、政治学においては「タマタマ。今までは衆参両院選挙で必ず自民党が続いてきたから。仮に与党が参議院選挙で敗北した場合、その限りではない」と答えても構いません。

そもそも、「戦前の帝国憲法体制」「戦後の現行憲法体制」といっても、時期によります。

戦時中は一年も持たない内閣崩壊が連続した時期もありますし、平成期は一年ごとに首相のクビが飛んだ時代もあります。厳密には、どこを切り取るかでしょう。

本書では、歴史的事実を踏まえながらも、政治的に参議院とは何なのかを解明していきたいと思います。歴史学、政治学、憲法学、合わせて私は憲政史家を名乗っていますが、一つの事象を解明するのに複数の手法を用いて突き合わせるのは当然でしょう。もっとも本書は学術論文ではないので、「ここは歴史学の手法」「こっちは政治学の手法」など、面倒くさい説明はしませんが。

とにもかくにも、わかっているようでわかっていない、「本当はいらないんじゃないか」とすらいわれている、参議院についてお話しいたします。

序章のまとめ

一、日本の参議院研究、特に通史は手薄といわざるを得ない。
二、今の参議院は帝国憲法下の貴族院ではなく、衆議院の実態に似ている。
三、日本の政治を説明するには、憲法と政治と歴史の三位一体で見るのが重要である。

第一章

参議院の誕生

参議院が成立したのは、売り言葉に買い言葉

なぜ参議院は誕生したのか。言ってしまえば、「売り言葉に買い言葉」です。

昭和二十（一九四五）年十月、幣原《しではら》喜重郎《きじゅうろう》首相はマッカーサー元帥から憲法改正の示唆を受け、国務大臣の松本《まつもと》烝治《じょうじ》法学博士を長とした、憲法問題調査委員会を設けました。

松本は帝国憲法を改正しなくとも、たとえ変えるにしてもせいぜい手直しするぐらいで、ＧＨＱが言ってくるような民主化など可能だと考えていました。確かに戦前・戦中の日本はいろんなことを間違えたから敗戦・占領の憂き目を見たのですが、それは帝国憲法の運用が間違っていたからで、憲法典自体の罪ではないと考えていたからです。

ただ、改憲の機運が出たことで、運用で誤ったところは変えたほうがいいだろうとの考えが主流になっていきます。松本の言によれば「必要最小限度の改正」（佐藤達夫『日本国憲法誕生記』中公文庫、一九九九年、二七頁）をして、「松本案」と呼ばれる原案をまとめました。このときに助手役を務めたのが、東京大学法学部教授の宮澤俊義です。しかし、これはＧＨＱが考えていた改憲とは、大きく掛け離れていました。

なぜ掛け離れていたか。ＧＨＱが言ってくる〝民主化〟には二つの意味があったからです。

一つは本当の意味での民主化。そしてもう一つは日本の総力を潰すという意味の民主化です。前者の部分だけであれば日米双方で会話ができるのですが、後者の目的の部分が露わになれば会話になるわけがありません。

憲法学や歴史学などで語られる憲法制定史でも、「アメリカの意図は、日本の総力を潰すことだった」と書いてある本はほとんどありません。ただし、宮澤俊義は例外で、戦争に負けたからこんな憲法を押し付けられたのだというように、日本国憲法を「負けいくさの子」と平気でシレッと書いています（「科学の価値―憲法二十年・私の評価」『世界』二五九号、一九六七年六月）。宮澤は占領の本質をわかっていました。そして、その流れに乗りました。

とにもかくにも、ＧＨＱは松本案が気に入りませんでした。そこでマッカーサーは、スタッフに草案を九日間で作らせます。それを提示された松本烝治憲法問題担当大臣、吉田《よしだ》茂《しげる》外務大臣、通訳をする白洲《しらす》次郎《じろう》ともう一人（外務省の長谷川元吉という通訳）の、四人は絶句します。

まず「序文」があって、チャプター１（第一章）が「エンペラー」。アーティクル１（第一条）に「エンペラー イズ シンボル」と書かれているのです。直訳すれば「天皇は象徴である」となり、いきなりこんな条文案を示されても何を言っているのか、松本らにわかるわけがありません。現代の政界や憲法学でも、「象徴」とは何なのかで議論が尽きないのですから。象徴とは国家元首なのか、それとも国家元首ではない言葉通りの単なる象徴なのかで、議論が分かれています。ちなみに、このときに白洲次郎が恐る恐る「象徴でしょうか」と訳したので、そのまま「天皇は日本の象徴である」ということになりました。

こんな調子で、いちいち細かく挙げればキリがありません。マッカーサー草案は、書きたいことを羅列した作文みたいな内容で、法律の体をなしていませんでした。特に、草案作成に携わった一人、当時二十二歳だったベアテ・シロタ・ゴードンはソビエト社会主義連邦共和国憲法とワイマール憲法に魅せられた人物で、細かく規定する条文を書き連ねていました。彼女の書いた条文案は「家庭は、人類社会の基礎であり～」で始まるような、自分の理想を長ったらしく書き連ねた作文でした。それでも上司のチャールズ・ケーディスが相当削ったり、短くしたりしたらしいです。ゴードン姉ちゃんにかかれば、「憲法は祈りだ」です。

たしなめているケーディスにしても、弁護士ではありますが、憲法の素人です。個々の条文でテキトーなことは言いますが、全体の整合性は取れません。たとえば、「国会は国権の最高機関で、唯一の立法機関だ」とスターリン憲法の丸パクリ条文をそのまま押し付けてきながら、同時に三権分立も言ってくる。立法・行政・司法の三権が対等だから三権分立なのに、「最高機関」と言い出す。今の日本国憲法学が頭を悩ませている矛盾です。また、唯一の立法機関なのに、地方自治推進の立場で、「地方議会に条例制定権を認めよ」と押し付けてきたので、今の憲法学は「唯一の立法の例外」なんて列挙しなければなりません。日本国憲法の草案を作って寄こした連中など、その程度のオツムのド素人です。

松本博士は日本の第一級の法学者ですから、この手の矛盾を即座に見抜きます。しかし、下手なことを言って藪蛇になっても困ります。事実、今の日本国憲法は、この素人が作ったゲテモノを基礎にできあがったのですから、松本の不安は正しかったといえるでしょう。白洲が「シンボルは象徴（でしょうか）」と訳したので、天皇陛下は象徴だということになりましたし、迂闊なことは言えません。

松本は、ＧＨＱでマッカーサー草案に関わった連中は憲法の素人で、条文も素人がつくったから法律の体裁になっていないのだと気づきます。そして、ここなら当たり障りがないだろうと、「ところで、日本は貴衆両院の二院制なのに、そちらの案では一院制になっているが理由は何か」と尋ねました。

これに対してＧＨＱ側は「日本は連邦制ではないから地方代表も要らないし、貴族制度は廃止するのだから貴族院はいらないだろう。だから一院制の衆議院だけでいいのではないか」と答えます。松本からすれば、「コイツら、頭は大丈夫か」です。

松本は普通の国が二院制をとる理由、いわゆる〝チェック・アンド・バランス〟について滔々《とうとう》と講義する始末です。チェックとは第一院が多数で決めたことを文字通りチェックし、考え直してみる行為であり、バランスとは権力の偏りを避ける機能です。憲法政治の母国では、選挙で選ばれた衆議院の多数派が内閣を組織し、行政を掌握します。それを議会、特に第二院の貴族院が監視、誤りがあれば手直しするのが仕事です。

ＧＨＱ側も一院制にするかどうかについては譲歩事項と考えていたようで、この時点で既に「二院制にしてもよい」と言っています（前掲佐藤達夫『日本国憲法誕生記』、三二頁）。こんなデタラメな始まりで、戦後日本は二院制を歩むこととなります。

マッカーサー案を受けて松本国務大臣と佐藤達夫《さとうたつお》法制局第一部長が新改正案をＧＨＱに持って行き、天皇事項をめぐって松本烝治とケーディスが罵り合うような激高したプロセスの中で、天皇事項などに比べれば軽微な問題であった二院制はそのまま残ったのです。

参議院が誕生したのは〝売り言葉に買い言葉〟だったというのは、こうした経緯があったからです。

でたらめな経緯で成立したが、意義を真面目に考えた人もいた

ところで、日本国憲法には誤植があるのをご存知でしょうか。日本国憲法第七条四項です。

第七条　天皇は、内閣の助言と承認により、国民のために、左の国事に関する行為を行ふ。
　四　国会議員の総選挙の施行を公示すること。

憲法第七条は、天皇の国事行為を十個挙げている箇所です。その四項に「国会議員の総選挙」と書かれています。しかし、実際には「国会議員の総選挙」は存在しません。衆議院は解散されれば全代議士がクビになって「総選挙」が行われますが、参議院は必ず半数が残るようになっているので「総選挙」ではなく「通常選挙」です。よって「国会議員の総選挙」は行われないのです。この誤植は日本国憲法が完全無欠ではないことの簡単な証明です。

余談ですが、改憲に賛成か反対かと問われて、どこを改正するかはともかく、その前に誤植さえも直してはいけない議論はおかしいと言うと、長年、議員をやっている国会議員でもそんな誤植があるのを初めて知ったという人もいました。

ここではそんな改憲論の話をしたいのではなく、指摘したいのは、当初、参議院がどれほど軽い存在として扱われ、いかに何も考えずに残ったのかという事実です。

これは、内閣法制局（当時の呼称は単に法制局）が見逃すはずがない誤植です。当初のマッカーサー案では一院制だったから残ったのだろうとよく言われるのですが、そうした状況のときに見逃さないのが法制局の仕事なのです。見逃すはずのない誤植が残っている。これはわざと残したとしか考えられません。

つまり、参議院をつくったのはいいけれど、どうしていいのかわからなかったのです。

帝国憲法の貴族院は聞きわけがない衆議院に対抗するためにつくられ、枢密院と貴族院の権限分掌をしても、屋上屋を重ねるような存在だったわけです。それをさらに、先ほど述べたようなデタラメなプロセスで残せば、どうしていいかわからなくなるに決まっています。

そのような中でも、真面目に物事を考えていた人がいました。当時は法制局第一部長、のちに法制局長官を務めた佐藤達夫です。

平時しか想定していないといわれている日本国憲法にあって、第五十四条は唯一の有事規定といわれる緊急事態条項です。衆議院が解散されたときでも、さらに参議院が同日選挙になったとしても参議院の半分が集まれるようになっているからです。これは枢密院の緊急勅令の規定の援用です。

第五十四条　衆議院が解散されたときは、解散の日から四十日以内に、衆議院議員の総選挙を行ひ、その選挙の日から三十日以内に、国会を召集しなければならない。

②　衆議院が解散されたときは、参議院は、同時に閉会となる。但し、内閣は、国に緊急の必要があるときは、参議院の緊急集会を求めることができる。

③　前項但書の緊急集会において採られた措置は、臨時のものであつて、次の国会開会の後十日以内に、衆議院の同意がない場合には、その効力を失ふ。

実際に、佐藤長官在任時の昭和二十八（一九五三）年三月、吉田茂内閣が「バカヤロー解散」に追い込まれ予算も通らなかったそのときに、第五十四条二項にあるように参議院の緊急集会で対処した事例がありました。

昭和二十八年五月、野党社会党の代議士に「なぜこの憲法そのものに、衆議院を解散したときにおける予算の措置に対して旧憲法におけるがごとき明確なる規定がないのか。この憲法の不備であることは間違いないかもしれぬ」と追及され、さんざん日本国憲法の不備ではないかと詰め寄られたとき、日ごろは腰の低い佐藤長官が「緊急集会の制度があって、なおかつそういうお言葉は、ちよつと私には了解しかねるのでございます」と血相変えて切り返しています（昭和二十八年五月二十三日衆議院昭和二十八年度一般会計暫定予算につき同意を求める件外六件特別委員会）。このやりとりは小著『検証 内閣法制局の近現代史』（光文社新書、二〇二二年、四九頁）にも入れておきましたので、ご参照を。

「緊急集会の制度がある」と言ったのは事実そうですし、佐藤達夫とすれば、これがあるからなんとかやっていけるように必死になって頑張ったのだという証《あかし》なのです。佐藤は確定案を出すときのＧＨＱとの攻防を記す中で、「この一連の折衝での最も重要な収穫は、参議院の緊急集会に関する条文の追加であった」と振り返っています（前掲佐藤『日本国憲法誕生記』、八一頁）。

再び最初の誤植の話に戻しましょう。

衆参同日選挙が行われることがあります。衆議院議員の全員と参議院議員の半分がいなくなります。それでも参議院議員の半分が残るので、国会議員がいなくなることはありません。国会議員の定足数は三分の一です。だから緊急事態でも参議院の緊急集会を開けば、国会としての意思表示ができるのです。

日本国憲法は有事を何も考えていないと批判されることが多いのですが、第五十四条の緊急集会の規定は唯一の例外です。佐藤は、ゲテモノにすぎないマッカーサー草案を、なんとか日本人が運用できるように腐心したのでした。

憲法上、参議院が内閣の生殺与奪の権を握る

参議院の存在によって内閣が吹っ飛ぶのが日本国憲法の構造です。

ここで、日本国憲法の構造を解説します。

基本的に日本国憲法第四章「国会」の規定は、衆議院と参議院は対等であるとの建前になっています。衆参が一致して初めて国会の意思となるとする思想と、衆議院の優越という思想があり、どちらの思想が優越しているのかは学者によって違います。

私は原則として国会全体である衆参の意思が国会の意思であると考えますが、例外的に衆議院の優越を認めている立場です。ここはどっちが正しいかを言っても観念論なので、そういう議論があるとだけ承知しておいてください。

実際の運用がどうなっているかを見てみます。たとえば、国会開会中に国会議員が内閣に

対する質問文書を議長経由で出す質問主意書は一人の議員がいくら出してもよく、これは議員一人が行使できる権限です。帝国憲法の時代は三十人の議員を集めなければできませんでした。ちなみに、紙で出すのが質問、口で訊《き》くのが質疑です。じゃあ、「代表質問」といって口で訊いているのは何だと思うかもしれませんが、あれは紙に書いたものを口で訊いているだけです。質疑は二人以上の議員で構成する、会派の権利です。

また、疑獄事件が起きるたびに行う証人喚問は、国政調査権です。これは衆参それぞれの委員会に認められている権限です。

また、日本銀行総裁・副総裁・政策委員会審議委員などをはじめ、三十以上の機関の人事を対象とした国会同意人事は衆参両院の本会議で同意が必要で、衆議院の優越がない重要な規定です。

といった具合に、細かく挙げれば、これまたキリがありません。

ここでは、衆議院の優越が例外的に認められている、総理大臣の首班指名、条約、予算、法案、以上の四つについて解説します。

衆議院の優越があるとはいいながら、一つ目の総理大臣の首班指名でさえ、衆参で異なる人を指名すれば話し合いで決めろという、両院協議会制度があります。たとえば、宇野内閣退陣後の首班指名で衆議院は自民党の海部《かいふ》俊樹《とし き》を、参議院では社会党の土井《どい》たか子をそれぞれ指名したので両院協議会が形式的に開かれましたが、開始からわずか七分で物別れに終わりました。

思想的、形式的には両院協議会なる話し合いの場があるのですが、実質がまったく伴いません。当然といえば当然です。政治家が自分で総理大臣に推した人を取り下げますなどと言うはずがないからです。政治家とはそういう生き物なので最終的に決着をつける方法として、内閣総理大臣の首班指名に関しては衆議院の優越があるのです。参議院が何と言おうが、衆議院の首班指名で決まった人が総理大臣になります。これは絶対です。

総理大臣、つまり日本の最高権力者の決定は衆議院が絶対なのですが、条約、予算、法案に関してそれほど総理大臣が強いかといえば、参議院はそれを牽制するための法律上の権限が与えられています。

二つ目は条約の承認ですが、これはそれほど問題になりません。内閣の命運を決するような条約など滅多にないからです。たとえば、サンフランシスコ講和条約や日ソ交渉は評価はともかくとして、反対派が少数だったので問題になりませんでした。

国を挙げての革命前夜の大騒ぎになったのが、岸信介《のぶすけ》首相のときの日米安全保障条約です。

しかし、条約は衆議院さえ通ってしまえば、参議院が衆議院の議決を受け取ったあと三十日以内に議決をしなければ、自然承認されたと見做されます。ですから、参議院がガタガタ言ったときに会期が三十日残っている状況ならば、参議院は条約に関しては何も言えません。そして岸内閣が命運を賭した安保条約を最後に、政権の死命を制するような条約が争点になったことはありません。

ただ、岸首相のときは新安保条約の承認そのものは衆議院だけで通したけれども、それに伴う法律は参議院の協力がないと通らなかったので、岸首相は参議院との関係に腐心していました。これは序章で紹介した竹中治堅氏の研究の優れたところですので、ご参照を（前掲『参議院とは何か』）。

安保関連法案を通すときに参議院議長の松《まつ》野《の》鶴《つる》平《へい》が協力しました。野党の社会党がマスコミと一緒になって岸を潰せとやってきます。岸としては辞めるために安保関連法案を通さなければならないのですが、それをわかって社会党が徹底抗戦します。松野はそれに対して、議長として議事進行権を行使し本会議の抜き打ち開催を行いました。

さて、三つ目の予算。これは本書の主題です。

予算に関しては衆議院の優越が認められています。すなわち、参議院の予算委員会で何が話し合われようが、参議院が何を言おうが衆議院がすべてを決めます。

ただし、予算関連法案があって、日本の予算は石油ショックで税収が落ち込んだ昭和五十（一九七五）年以降、バブル経済のときの平成二（一九九〇）年度から平成五（一九九三）年度の四年間の例外を除いて毎年、特例公債、いわゆる赤字国債を発行しています。赤字国債の国家予算（歳入）に対する割合は多いときには四〇パーセントを超えることもありますが、平均して三十数パーセント（平成十七年度から令和四年度までの単純平均）です。令和四（二〇二二）年度では二八・五パーセントとなっています。

仮に「予算は通ったとします。しかし、赤字国債を出すための特例公債法案が通っていません」といった状況では赤字国債は発行できません。これでは予算が半分成立していないのと同じです。野田佳彦《よしひこ》内閣末期にそのような状況に陥り、実際には国立大学の教員の給料遅払いなどが起きていました。

伊藤博文は帝国憲法の解説書『憲法義解《けんぽうぎげ》』の第七十一条の項に「議会に於て予算を議定せず、または予算成立に至らざるときは、その結果は大にしては国家の存立を廃絶し、小にしては行政の機関を麻痺《まひ》せしむるに至る」と書いています。つまり、予算が成立しない事態はよくて政府のマヒ、悪ければ国家の崩壊であるというのです。

ちなみに、そんな状態になっても全然痛くも痒《かゆ》くもないと考えるのがアメリカ合衆国です。クリントン大統領が当時ホワイトハウスのインターンだった女性と〝不適切な関係〟にあったモニカ・ルインスキー事件などが起きるのは、そういうお国柄だからです。

日本人には、首相官邸の電気が消えて閉鎖されるなどに耐えられるとは、到底思えません。そのような事態を避けるためにも予算の問題は重要なのです。

特例公債法案は毎年通さなければならないものでした。ところが、野田内閣が辞め際に自民党と合意し、三年に一回通せばよいとしました。さらに今は五年に一回になっています。特例公債法案を通すのが毎年ではなくなったのも、安倍内閣が長期政権になった大きな理由の一つです。しかし、これまでそのような指摘がなされたのを見た記憶がありません。自民党議員でも特例公債法案をぶっ壊せと叫んでいた見当違いの人がいたのは記憶にあるのですが、それはさておき。

最後の一つが法律案です。

私が使っていた憲法学の教科書に「衆議院が通した法律案を参議院が否決して、それでも衆議院が三分の二の多数で再可決すれば衆議院の意思が通るのだし、そもそも六十日以内に参議院が審議しなければ、見做し可決となり、握り潰すことはできない」といった旨の解説が書いてありました。他にもそのような教科書があります。

しかし、これはウソです。

これに対して「そんな簡単な話ではない」と絶叫し続けていたのが、青木幹雄《みきお》という立派な政治家です。

憲法学者は日本国憲法だけが憲法だと思っているのですが、国会法や国会の先例集なども憲法の一部です。国会法や国会の先例に従って、憲法上の機関である衆参両院は動いているので、それらをも含めて見ないとわかりません。参議院を無視して法案を衆議院の意思だけで通せるのは、衆参両院で一つの政党が勝っているからできるだけなのです。

憲法学者の建前よりも、練達の政治家のほうが、憲法政治の実際をわかっている。そういうものです。このあたりの細かい駆け引きは第五章で触れましょう。

貴族院から衣替え、有名人が大挙当選の参議院選挙

話を制定過程に戻します。ＧＨＱは二院制を残す条件として、議員全員を選挙で選ぶこととしました。〝民主化〟の建前で、貴族の存在は許さない姿勢です。

帝国憲法の時代の貴族院議員はいろいろな方法で選ばれました。「公侯伯子男」の爵位を持つお華族様が前提です。皇族は政治に関わってはいけないので、基本的には議会に出席しませんが。

公爵には、平安時代の藤原北家《ほっけ》の主流で摂政、関白を出した五摂家《ごせっけ》や、上級公家、そして、加賀の前田、薩摩の島津、長州の毛利、仙台の伊達といった大大名たちが列せられました。公爵は基本的には携わりません。西園寺《さいおんじ》公望《きんもち》などは貴族院副議長を約半年務めていますが、元老になってからは一度も議会に出席していません。たまに世が世なら徳川十六代将軍だったはずの家達《いえさと》や、近衛《このえ》文麿《ふみまろ》やその父・篤麿《あつまろ》など政治好きの人が議長を務めています。

侯爵には普通の大名、中級公家以上が列せられ、貴族院に関しては公爵と事情はあまり変わりません。

貴族院の中心は伯爵と子爵です。

伯爵には小規模大名や旗本、子爵はそれより下位のクラスで江戸時代の老中水野《みずの》忠邦《ただくに》の子孫などは子爵に列せられています。男爵に至っては「多額納税議員」と呼ばれる、多額の税金を納めて衆議院議員ではなく貴族院議員になった人もいました。

大正十三（一九二四）年の第二次憲政擁護運動のときには、まともな人を選ぼうと学士院推薦の学者も選ばれるようになり、東京帝国大学法学部部長の美濃部《みのべ》達吉《たつきち》が貴族院議員になったのはそうした例です。日本国憲法制定時には、東大教授の宮澤俊義、京都大学教授の佐々木惣一《そういち》なども貴族院議員に選ばれて、憲法論議に参加しています。

また、男爵議員の菊池武夫《たけお》のように、自分自身は何者でもないのに、吉野朝で後醍醐《ごだいご》天皇以下、正統な王朝に忠誠を尽くしたとされる菊池武光《たけみつ》の子孫であるというだけで貴族院議員になり顰蹙《ひんしゅく》を買った例もありました。のちに、この人が発端となり美濃部達吉が貴族院議員辞職に追いやられる天皇機関説事件が起きています。

戦前から「貴族院とはどのような存在なのだろう」との疑問もありました。数の衆議院に対して、貴族院を良識派を集めた存在にしようとしていたのは確かです。

帝国憲法をつくった伊藤博文は貴族院を「皇室の藩屏《はんぺい》」にしたいとの思想を持っていました。選挙で選ばれた衆議院に、皇室をつくり変えたり、革命を起こしたりといった階級破壊のような極端な行動をとらせないために存在するのだと考えていたようです。

戦前の日本人もうまくいかなかった仕組みをどうすればいいのでしょう。しかもそれを選挙で選ぶというのですから。

参議院議員の選挙は二通りありました。一つは今と同じ地域代表という考え方です。都道府県ごとに分かれて各都道府県につき一人から複数人を選びます。もう一つは全国を一選挙区として得票数が多い順に当選する全国区です。

どんな人が当選するかといえば、地方の名士で、主に県会議員を務めた人やタレントです。当選した人の顔ぶれを何人か挙げてみましょう。

第一回通常選挙の全国区選出に、元勲西園寺公望の孫の西園寺公一《きんかず》。戦前、近衛文麿のブレーンで、ゾルゲ事件で逮捕された人です。作家の山本有三《やまもとゆうぞう》（本名は勇造）、小説家で詩人の中野重治《なかのしげはる》、第一次吉田茂内閣で文部大臣だった田中耕太郎《たなかこうたろう》、戦中、雑誌に書いた記事がもとで、治安維持法違反で逮捕された細川嘉六《かろく》、のちに民社党委員長になる佐々木良作《りょうさく》、のちに参議院議長に三選し「重宗王国」と呼ばれるほど参議院で権力を持つようになる重宗雄三《しげむねゆうぞう》などがいます。

また、このときの地方区で選出された人たちに、会津の松平容保《まつだいらかたもり》の息子松平恒雄《つねお》（福島）、西郷隆盛《さいごうたかもり》の孫の西郷吉之助《きちのすけ》（鹿児島）、重富島津家《しげとみしまづけ》第二十三代当主の島津忠彦《ただひこ》などが見られます。

ちなみに、第一回選挙だけは半数改選ができないので、当選者のうち得票数の多い者から半数を任期六年とし、順位が下位の半数は三年後にもう一度選挙をする任期三年議員です。

第二回の選挙の全国区第六位に女性議員加藤シヅエが入っています。

第三回参議院通常選挙の当選者のトップが元陸軍大将宇垣《うがき》一成《かずしげ》で、四位には鹿島《かじま》建設《けんせつ》社長鹿島守之助《もりのすけ》がいたり、七位には松本《まつもと》治一郎《じいちろう》といった被差別部落の利益代表がいたり、元鉄道省の鶴見《つるみ》祐輔《ゆうすけ》、元大蔵省の青木《あおき》一男《かずお》など、官僚出身者も十八位、十九位に名を連ねます。

最初三回の当選者の顔ぶれをざっと見ただけでも、全国区では小説家など広い意味でのタレントか官僚、財界などの組織代表、地方区では地元の名士が目立ちます。

ちなみに、誰がいつごろから言い出したのかは不明ですが、全国区《ぜんこくく》は「銭酷区《ぜにこくく》」と呼ばれていました。あまりにも選挙資金がかかりすぎて「銭が酷《むご》い」をもじって、そんな呼び方が生まれたようです。今でもそういった事情はあまり変わらず、参議院の全国比例区で通った知名度抜群の人でも、選挙区に変わった議員がいるくらいです。

権力のありかをわかっていた吉田茂

第一回選挙は無所属の当選者が一〇八名と圧倒的多数でした。どうやって良識派を集められるのかとなったとき、議員たちの間に「政党に所属しないでおこう」とする空気ができます。そして誕生したのが、無所属の当選者を中心とした会派の緑風会《りよくふうかい》です。参議院で最大会派となりました。

当たり前の話、占領期は政治が安定せず、日本の総力を潰そうとするＧＨＱの命令の一歩も外に出られないので、何をやってもうまくいくわけがありませんでした。

ところが、占領期前半は日本の総力を潰すぐらいがちょうどいいと考えていたアメリカ本国は、ソ連との冷戦が本格化するにつれ、そうも言っていられないと日本の総力潰しをやめてしまいます。日本国憲法を押し付けたケーディスのような人は、人妻と温泉に入っているのを写真に撮られ、脅されたあげくに本国に強制送還されてしまいました。そしてケーディスに反感を持っていた、チャールズ・ウィロビー将軍の一派がＧＨＱ内で権力を持ちます。ウィロビーの考えは、力のある政治家に安定政権を築かせたほうがよいというものでした。

そんな流れになったとき、長期政権を築いたのが吉田茂です。

吉田茂は衆議院選挙で圧倒的多数をとりました。政権基盤は安泰です。では、参議院のほうはどうかと見れば、多数を持っていませんでした。

二院制を主張した松本烝治自身、ねじれ国会になるぐらいでちょうどいいと考えていました。衆議院は内閣と一体化するから政府の出した法案を、造反しない限り衆議院の多数が認める。よって、それを考え直せと言うのが参議院の役回りなのだから、スムーズな国会運営などはあってはならないとする思想が根強く残るのです（小堀眞裕『国会改造論』文春新書、二〇一三年）。

しかし、総理大臣の吉田からすれば、それでは困ります。

吉田は昭和二十三（一九四八）年の年末に衆議院を解散します。そして年明けの昭和二十四（一九四九）年一月、第二十四回衆議院議員総選挙が行われました。

選挙前、吉田は単独で過半数はとれないだろうから、野党の一部を引きずり込んで連立しようと工作を行っていました。

しかし選挙が終わってみると、吉田の与党・民主自由党は定数四六六議席中二六四議席と、単独で過半数を軽く三〇は超える議席を獲得したのです。

ところが、吉田は六九議席で第二党になった民主党と連立を組みます。第一党と第二党が連立を組む必要がどこにあったのでしょう。

戸川《とがわ》猪佐武《いさむ》の『小説吉田学校』という悪書では、その理由を吉田は民主党の犬養健《いぬかいたける》を与党に入れたかった、なぜなら、犬養健の親父が戦前首相を務めた犬養毅《つよし》で、名門であり家柄が良くて品があるからだと書き、さらに、それに反発した反吉田派が連立に入らなかったので民主党は哀れにも分裂。犬養は与党に入ってはいたけど、結構不遇だったとしています。民主党が分裂して、犬養が与党に入って不遇だったのはその通りではあるものの、吉田がそのようなつまらない理由で犬養を与党に入れたのかどうかは大いに疑問です。

竹中氏はこの点について、当時官房長官だった増田甲子七《ますだかねしち》が犬養との連立交渉で三分の二をとれなかったので緑風会の協力を取りつけるのが非常に大変だったとの回顧も引用し、さらに幹事長広川弘禅《ひろかわこうぜん》の解説の言葉「保守合同問題については国会の三分の二の勢力を占めることが必要だから起こってきた問題である」をも引用しながら、「吉田は衆議院の与党議席をさらに増やし、衆議院による再可決を確実にすることをも考えていた」と本質を指摘しています。（前掲竹中治堅『参議院とは何か』、五〇頁）。

つまり、吉田茂が犬養健と連立を組んだのは、衆議院での再可決ができるようにするためだったのです。

日本国憲法が想定した、与党が最終的に政府の出した法案を衆議院が可決しても、参議院の審議では時間がかかる事態が出現します。吉田はそれがイヤだったのです。総理大臣としてはさっさと法案を通したいので、そんな状態は吉田でなくともイヤでしょう。それが国民にとって幸せかどうかは別問題ですが。

衆議院で通った法案を参議院が否決したけれど、衆議院でスピード再可決された法案の例として、笹川良一《ささがわりょういち》が働きかけを行って成立に至ったモーターボート競走法案がありました。モーターボート競走、すなわち競艇は、競馬、競輪、オートレースと並ぶ公営ギャンブルの一つです。

のちに「日本財団」の名称で知られる財団法人日本船舶振興会を設立した初代会長笹川良一が昭和二十四（一九四九）年ごろから働きかけていたモーターボート競走法案が、昭和二十六（一九五一）年三月、第十回国会で自由党、国民民主党、社会党の有志議員五〇名の共同提案で提出されます。三月二十九日に衆議院本会議に上程され可決され、参議院に送られました。その後、六月二日に参議院本会議で否決されるも、その三日後の六月五日には衆議院本会議で再可決されています。

これは参議院で否決されたけれども、笹川がそれを前提で衆議院の三分の二を押さえていたという話です。伊藤隆先生の著書『評伝笹川良一』（中央公論新社、二〇一一年）によると笹川良一は「黒子に徹した」と書いてありますが、それはそうでしょう。笹川良一が前面に出たなら、通る法案も通らないでしょう。

モーターボート競走法案の例は、参議院で否決されても衆議院の三分の二を押さえられる政治力があったなら全然怖くないことを示しているのです。

しかし、たとえ衆議院を押さえていても、実際は参議院にはかなり配慮しています。吉田茂も昭和二十六（一九五一）年九月のサンフランシスコ講和条約締結に臨むとき、与党自由党一党だけでなく野党をも巻き込み、参議院緑風会に反対されないように全権委員として徳川宗敬《むねよし》緑風会議員総会議長も連れて行きました。

参議院は、あの吉田茂がそれなりに気を遣う存在だったのです。

第一章のまとめ

一、参議院は松本烝治とケーディスの〝売り言葉に買い言葉〟で成立してしまった。
二、だから、参議院の運用をみんなどうしていいかわからなかった。
三、参議院には吉田茂も苦労した。

第二章

参議院を制する者は、日本を制す

自民党結成で参議院でも与党が過半数に、参議院の政党化へ

そもそも「売り言葉に買い言葉」で生まれ、何のためにあるのかわからないまま出発した、参議院。議員たちも、なんとか意義を見出そうと、知恵をひねります。そこで、「数の衆議院に対し、理の参議院」「良識の府」と言い出します。衆議院が選挙により政権の帰《き》趨《すう》を決める政党政治を志向するなら、参議院は政党から超然としておこうと、多くの人が考えたのです。

第一回の選挙で当選した議員の圧倒的多数は無所属でした。その無所属の集まりの最大会派が、緑風会です。

吉田茂は幹事長を、何か法案を通すたびに緑風会に頭を下げに行かせます。たとえばサンフランシスコ講和条約では、全権団に徳川宗敬緑風会議員総会議長を参加させています。吉田は最大会派の緑風会を巻き込むことでのちの議会対策を容易にしようとしたのです。自分たちが全権団に参加した条約に反対はできないですから、一応。

緑風会はかなり美化されているところがあります。それゆえ、今でも野党系が「新緑風会」と名乗る会派を形成しています。それほど美化できる人たちだったのかとの意見もあり

ますが。

ただ、緑風会が最大会派だとはいっても、議員一人一人が集まってかたまりになっているだけなので、基本的には議員一人一人を説得しなければなりません。「ボスと話をつければ終わり」ではありません。

そうしたときにカギを握るのが、参議院議長です。議長はその法案を急いで審議することもできれば、逆に審議させないこともできます。

総理大臣は、衆議院議員で与党総裁です。具体的にいえば、首相の吉田茂は衆議院議員で、与党自由党総裁です。参議院は、内閣からも衆議院からも与党からも独立した存在なので、吉田にとって参議院議長との関係は重要になります。

吉田内閣時代の歴代参議院議長は、松平恒雄、佐藤尚武《なおたけ》、河井弥八《やはち》です。全員が吉田と同じく、戦前に陸軍の横暴を苦々しく思い、抵抗していた自由主義者です。松平は最後の会津藩主松平容保の実子で駐英大使。佐藤は敗戦時は駐ソ大使で、ソ連の裏切り参戦を本国に警告し続けた気骨の外交官。河井は内大臣秘書官長や侍従次長として、吉田の岳父である牧野伸顕《のぶあき》に仕えた宮中官僚。吉田からすれば、勝手知ったる仲です。そして全員が官僚出身で、品がいい。

吉田内閣は在職期間を通じて法案成立に苦労はしますが、参議院の揉め事が政局になることはありませんでした。

昭和二十九（一九五四）年十二月、吉田茂が鳩山一郎に倒され、政権は自由党から鳩山一郎総裁の日本民主党に移ります。しかし日本民主党は少数与党だったために解散しても勝てなかったので、自由党と合併し、昭和三十（一九五五）年十一月十五日に自由民主党を結成しました。今に至るまで、戦後政治のほとんどの期間で与党の、巨大政党の誕生です。

昭和三十一（一九五六）年四月から参議院議長を務めたのは、吉田茂の指南役の松野鶴平です。松野は戦前に立憲政友会幹事長を務めた大物政治家。「ヅル平」のあだ名で、機を見て吉田や鳩山を使い分ける、党人政治家です。

鳩山が松野と組みやすかったのは確かです。もともと、戦前の鳩山は政友会の領袖で、松野は鳩山派。敗戦後に松野は鳩山内閣樹立に動くも、鳩山がGHQに忌避されたあげくに公職追放されて総理大臣の資格がなくなると、吉田のワンポイントリリーフ登用を進言したのが、松野その人です。その後、吉田長期政権になると指南役として隠然たる影響力を発揮、鳩山の復活をことごとく阻止します。しかし吉田から人心が離れると見切るや否や、決定的な局面で吉田の首切り役人に回りました。そうした権謀術数の末に、国権の最高機関の長である参議院議長にたどり着きました。しかも、単なる名誉職ではなく、総理大臣にモノ申せる立場の議長です。松野議長の誕生は、「参議院の政党化」を象徴するような人事です。実に生臭い。

ちなみに鳩山は松野より、学年が一年先輩、代議士としては二期上です。

鳩山内閣は自民党ができるまで、衆議院でも法案を通すのに与党幹部が頭を下げて回っていました。それが自民党結成で、衆議院に多数を得ました。そしてようやく参議院でも、昭和三十一（一九五六）年、自民党の念願だった単独過半数確保が達成されます。

では、なぜ参議院で自民党が過半数を得られたのか。答えは簡単です。選挙に有利だったからです。

緑風会は党議拘束もなく、投票行動は自由ですが、その代わりに選挙を自前で行わなければなりません。しかも地方区選出の議員は、対立候補に強力な自民党候補が立つと苦しい選挙になります。

こうして、政党政治から超然とする参議院は、過去の遺物になっていきました。

過小評価され続けた松野鶴平参議院議長の影響力

自由民主党は総裁公選を実行しました。つまり、自分の政党の党首を国会議員の選挙で選ぶのです。これは日本の憲政史で実に画期的な出来事です。自民党は衆議院議員が多数なので、衆議院議員の支持を多数得れば総裁になり、そのまま総理大臣になれるわけです。

初代総裁の有力候補は、首相で日本民主党総裁だった鳩山一郎。もう一人が自由党総裁だった緒方竹虎《たけとら》、吉田の後継者です。最初は両党が牽制し合い、総裁を置きませんでした。しかし、緒方の急逝によって行われた第一回総裁選挙は、鳩山の信任投票でした。

だから初代総裁の鳩山後継をめぐる昭和三十一（一九五六）年の第二回総裁選挙が、事実上の憲政史上初の与党総裁選挙です。これが世にも見苦しい派閥選挙と化しました。

立候補したのは岸信介、石橋湛山《いしばしたんざん》、石井光次郎《いしいみつじろう》の有力候補三人です。岸が一回目の投票で一位となるも過半数が得られず、決選投票が行われました。決選投票では二位の石橋が三位の石井と組み、石橋が七票差でひっくり返してしまいました。

このとき、決定的な役割を果たしたのが、実は松野です。情勢は岸圧倒的優勢でした。それを松野を石橋陣営の味方につけて、大逆転にこぎつけたのです（前掲竹中治堅『参議院とは何か』、九八頁）。ちなみに竹中氏が依拠している史料は、『松野鶴平伝』（酒井健亀編著、熊本電気鉄道、一九七二年）と『石橋湛山日記』下巻（みすず書房、二〇〇一年）です。

石橋、岸、石井の他、大野伴睦《ばんぼく》、池田勇人《はやと》、佐藤栄作、河野一郎、三木武夫が「八個師団」と呼ばれる派閥を形成し、彼らの後継者たちも激しい合従連衡《がっしょうれんこう》を繰り広げるのが自民党総裁選の歴史です。自民党の派閥抗争はそのまま戦後政治史となります。領袖たちは、子分の衆議院議員を養い囲い込み、派閥を拡大していきます。しかし、自民党参議院議員の多くは、派閥政治から超然としていきます。

その理由の一つは、衆議院に対する独自の立場を持つべきだとの意識があったこと。もう一つは、実力政治家の松野が、参議院を自分の縄張りのように扱ったことです。松野自身は独自の派閥を持たなかったがゆえに、衆議院議員である派閥の領袖に対し権衡関係を保ち、一定の影響力を持ったのです。一人でも多くの参議院議員を派閥に招き入れようとする領袖たちと、そうはさせまいとする松野の間には、日常的に駆け引きが存在していました。

これが、総理大臣を目指す派閥の領袖と、参議院議長の関係です。

参議院が政党化すれば、今度は自民党内で参議院自民党の影響力が高まる現象が起きてきました。総裁選では衆議院議員も参議院議員も同じ一票ですから。

松野鶴平は自民党の党籍を持ったまま参議院議長になりました。党籍があるので、自民党総裁選になれば、松野が押さえている参議院議員の票が総理大臣を決める決定打になります。しかも総理大臣になったあとは、法案をスムーズに通してもらうために松野参議院議長の協力がいるのですから、議長に頼らざるを得ません。

このような参議院のどこが弱いのでしょうか。政界には「参議院は二軍」と格下扱いする風潮が蔓延していますが、本物の政治のプロでそういう舐めた態度の人は、戦後政治史で一人も知りません。むしろ、参議院を重視するのが、本物の政治のプロというべきでしょうか。

さて、石橋首相が病気で短命退陣、岸信介が継ぎました。岸は自民党参議院議員会長に、官僚時代の上司である吉《よし》野《の》信次《しんじ》や若手の重《しげ》宗《むね》雄三《ゆうぞう》などの実力者を据えます。しかし、松野の政治力には到底及びません。

かといって、同じ自民党の中で松野が総理大臣に対してそれほど露骨な拒否権を行使するかといえば、そうはしません。内閣を潰すまで邪魔するのではなく、あくまで隠然たる影響力を保持するだけです。拒否権行使を、「やるぞ、やるぞ」と見せかけて、取引するためにとどめるのが松野の手法です。

岸は、自民党総裁（つまり総理大臣）に再選します。岸内閣の主流派は、佐藤・河野・大野。反主流派の石橋・石井・池田・三木と拮抗しています。衆議院では。しかし、参議院を味方につければ別です。昭和三十四（一九五九）年の総裁選では、池田や三木が担いだ松村謙三の一六六票に対し、三二〇票で勝利しました。前回の七票差の敗北とは、何が違うか。

参議院に影響力を持つ、松野を味方につけたことです。

そして前章で、岸が政治生命をかけた安保条約、そして安保関連法に松野が協力した話はしました。こういうところで汗をかくから、岸も松野の存在感を認めるのです。

松野としても時の総理大臣に、すなわち勝ち馬に乗り続けることによって影響力を行使できたわけです。

ちなみに、松野の息子が頼三《らいぞう》。吉田茂の首相秘書官から政界入り、佐藤栄作の「五奉行」の一人として大臣経験を重ねますが、福田赳夫や田中角栄に出世で差をつけられます。しかし、三木武夫政権では重用され、「政界の寝業師」として政界に名をとどろかせます。三木内閣は第四派閥の弱小政権でしたが、福田や田中が自民党の三分の二を率いて仕掛けた「三木降ろし」を、軍師として悉く粉砕。任期満了まで三木内閣を守り抜きます。その後は一匹狼ですが尊敬され、小泉純一郎、細川護熙《もりひろ》、鳩山由紀夫などの歴代首相が指南役として仰ぎました。

ヅル平にしても頼三にしても、いつのまにか権力の中枢にいる。これが松野一族です。

ちなみに、頼三の子が頼久《よりひさ》。鳩山内閣の官房副長官や維新の党の代表などを務めています。頼久の娘が未佳《みか》。自民党から政界出馬に意欲を見せており、小泉元首相が一生懸命に後押ししている姿がテレビに映るなどしています。

参議院を拒否権集団にさせなかった池田勇人の政治力の源泉

吉田、鳩山、石橋、岸と、歴代首相と良好な関係を保った松野鶴平とて、そうそういつまでも勝ち馬に乗り続けられません。

松野は岸の次の首相池田勇人とは、あまりうまくいきませんでした。理由はよくわかりません。

池田勇人は、小著『嘘だらけの池田勇人』（扶桑社新書、二〇二一年）で書いた通り、非常に立派な総理大臣になったのは、初動で危機を乗り切ったのが大きな要因です。強くて長期政権を築きそうな首相が登場すると、既得権益を侵されたくない人たちは必ずといっていいほど初動で仕掛けます。池田はそれを乗り切りました。

安保闘争のあと、岸信介前首相は実弟の佐藤栄作とともに、池田を後継首相に推しました。自民党総裁選でこの三派が一体となって協力した一方で、松野は池田を支持しませんでした。池田は岸と佐藤にはそれなりに気を遣うのですが、松野にはあまり気を遣っていません。それどころか、組閣にあたっての人事を池田は参議院自民党会長の重宗雄三と話しています。これに怒った松野は、池田が最重要法案と位置付けていた政治的暴力行為防止法案（政防法案）を不成立に追いやる、意趣返しを仕掛けます。岸と佐藤もあわよくば倒閣に持っていくかと見える、そんな揺さぶりがありました。政権発足当初の池田内閣をそれほど強固ではないと見ていたからです。

池田はこれをなんとか乗り切り、岸、佐藤をだんだん反主流派に追いやり、その代わりにそれまで反主流派だった河野一郎と三木武夫を主流派に入れ替えていきます。

一連の流れから松野は池田に協力的ではなく、池田を後継首相に据えた岸・佐藤の兄弟は池田がそれほど長期政権になるとは思っていなかったのが見てとれます。

岸と佐藤は実の兄弟、池田と佐藤は高校の同級生、池田と佐藤と松野は吉田茂の側近といったかなり近い関係です。そうした四人の実力者の人間関係の中で、池田が総理大臣になったときに、池田の好きにさせてなるものかといった空気があったと考えるほうが自然でしょう。支える側にとっては総理大臣が強くなりすぎるのはイヤだし、総理大臣にしてみればそんな不安定な総理大臣はイヤだという相容れない関係だったのです。

池田勇人が最終的にそうした揺さぶりを乗り切れた理由は単純です。衆議院で三分の二まであと二議席に迫る圧勝をしているからです。参議院で否決されても、いざとなれば二議席ぐらいはどこからか持ってこられるので。揺さぶりをかける側は、倒閣運動をするぐらいの覚悟でなければ、駆け引きは挑めないわけです。

岸、佐藤、松野の三人が組んで池田に揺さぶりを掛けても、これが限界でした。

ちなみに松野は、昭和三十七（一九六二）年八月まで議長を務め、十月に死去。後任議長には、重宗が就きます。

「政治は数、数は金」の金権政治と参議院

戦後政治において、総理大臣になる方法は、自民党総裁選に勝つことです。たった二回の例外を除いて、衆議院の総選挙は全部、自民党が勝っていますから。総理大臣を目指す自民党政治家は、派閥を養い、総裁選での勝利を目指します。

派閥をつくって子分を養い、総裁選で自分に投票してくれる国会議員の数を増やします。衆議院議員は自分が当選させてあげて数を増やしていくわけです。池田勇人などは反主流派のときから第二派閥を維持していました。ちょうどそのときは高度成長期に入っていたので財界がいくらでもカネを出し、池田派を支えました。高度経済成長期、派閥の離合集散は激しく、「アイツが気に入らない」だけで派閥を出ていく人は星の数ほど。「アイツの下につけるか！」で派閥が分裂するのが日常茶飯事です。今の自民党では「嫌いな奴と一緒でも派閥を割るより大きな塊でいればいい」なのですが、当時は反主流派だって金を集められる時代です。出ていって自分の子分を集めたほうが、影響力が高まるから、平気で分裂するのです。結果、「政治は数、数は金で集める」の金権政治が蔓延します。

そのような背景があって、参議院の人たちは自分たちが金権政治や数の力に対抗する〝良識の府〟を建前とします。本音は、派閥に入ってしまうと、衆議院の二軍扱いされるからなのですが。

重宗は松野に代わり、参議院自民党を支配していきます。参議院自民党を支配するということは、参議院全体を支配すること。そうした重宗を総理大臣（自民党総裁でもある）は無視できなくなります。

ただ、参議院議長になった重宗でも独裁をしているわけではなく、参議院は主に三つぐらいの派閥に分かれていました。派閥とはいっても、衆議院の派閥に対応した派閥ではありません。

主流派の「清新クラブ」は重宗を中心として岸派、佐藤派で構成され、それに対して河野派、大野派、藤山愛一郎派といった非主流派の人たちが「みずほクラブ」をつくり、さらに、石井派、池田派、三木派の議員が中間派の「水曜会」をつくって互いに対立をしています。

そういう対立の中、池田勇人は松野や重宗に主導権を握らせないようにと鍔迫《つばぜ》り合いが繰り広げられるのです。

「重宗王国」「重宗天皇」へ

安定政権を築いた池田勇人も、病気で退陣のやむなきに至ります。

池田のあとの総裁の座を争ったのは三人です。直前の総裁選挙で池田と激しく争った佐藤栄作、池田を支えた河野一郎、そしてなぜか自分に力があると勘違いした元財界人の藤山愛一郎です。実質は佐藤対河野の争いとはいえ、直前に世にも見苦しい総裁選挙をやったので選挙の実施は避けられ、話し合いによって池田総裁が後継者を指名する運びとなりました。

いろいろな陰謀がうごめく中で、決定的な役割を果たしたのが、参議院の実力者である重宗雄三です。重宗は山口県出身で同郷の岸・佐藤兄弟とは仲がいいのです。このとき重宗が参議院をまとめて、「参議院の大勢は佐藤支持だ」と伝えました。

結果、池田は佐藤を後継に指名しました。そうなると、重宗は俺が佐藤を総理にしてやったとしか思いません。

佐藤が首相に就任後すぐに池田勇人が亡くなり、その直前には佐藤嫌いの大野伴睦が亡くなっていましたし、ライバルだった河野一郎も相次いで亡くなり、佐藤に対抗できるような人はいませんでした。唯一健在であった三木武夫は、しばらくはおとなしくしていて、歯向かってきたときでも特に佐藤の地位を脅かすわけでもありません。また若手の田中角栄や福田赳夫はまだまだ力がないので、佐藤からすればこき使える便利な存在でした。

このように衆議院の派閥の領袖や若手実力者だけを見ていると、佐藤は自民党の派閥の領袖を見事なまでにコントロールしています。一方で参議院は、ここまで話してきた通りの構造で、議長の重宗に頭を下げなければ政権運営がままなりません。佐藤の就任の二年前から重宗は参議院議長に就任、その間に既に勢力を扶《ふ》植《しょく》しています。

前任の松野議長がそうであったように、重宗は「参議院の独自性を保ちながら政権運営に協力する」スタンスで、力を保ちます。

岸信介は安保闘争を乗り越えて日米安保条約を結んだところで、政権の力が尽きました。その期限の十年が迫ってきました。佐藤は条約を、以後は一年ごとの自動更新にしようと目論みます。

岸の実弟の佐藤栄作が、日米安保を永遠の条約にしようとしている！

学生運動が盛んな時代です。昭和四十四（一九六九）年には学生運動の激化で、東京大学の入試が中止になってしまったほど。これに対して自民党田中角栄幹事長は「大学の運営に関する臨時措置法」を採決させて突破します。このあと、大学紛争は沈静化し、たとえば、大学の統合移転問題に端を発し、その激しさで有名だった東京教育大学での紛争も、東京教育大学の閉校、筑波大学の新設によって収束しました。

とはいうものの、マスコミや左傾言論人（進歩的文化人と呼ばれた）が何を煽ろうが、政界では自民党が多数派。蹴散らします。最終的には、安保条約も大学法も通ります。

この時代は、乱闘国会と強行採決が日常茶飯事です。自民党は日ごろから国会対策員会を通じて、野党との付き合いを大事にし、はっきりいえば癒着して買収しています（小著『歴

史検証　なぜ日本の野党はダメなのか？』光文社新書、二〇二二年）。野党にも、ある程度の見せ場をつくってあげてから、法案を通す。野党は「必死に抵抗したけど、与党の数の力で押し切られた。次も頑張りますので応援してください」と支持者に言える状況をつくってあげるのが、国対政治です。だから最後は「委員長不信任案」「議事打ち切り」「強行採決」「採決が有効か否かの確認」などの駆け引きが行われます。

これらの駆け引きは、議長の協力がなければ円滑にいきません。それでも衆議院は、佐藤最側近の田中角栄（長く自民党幹事長を務めた）が仕切り、国対の実務では田中側近の竹下登や金丸信《しん》が動きます。しかし、参議院は重宗の「縄張り」です。重要法案を通すために、佐藤が重宗に頭を下げることもしばしばだったとか。

いつしか、参議院は「重宗王国」、重宗は「重宗天皇」と呼ばれるようになりました。

首相の佐藤栄作は、参議院議長の重宗雄三に手を焼いていました。参議院で総理大臣と議長がすれ違えば議長が道を譲るのが普通なのに、重宗は佐藤に譲られても当然といった態度だったようです（前掲竹中治堅『参議院とは何か』、一二二頁）。

参議院を制する者は、日本を制す

昭和四十六（一九七一）年七月の、政界勢力図です。

最大派閥は、佐藤栄作派。田中角栄通産大臣が支えています。これに第二派閥の福田赳夫派が佐藤からの禅譲を期待して、主流派を形成します。第三派閥が、大平正芳。第四派閥が三木武夫、第五派閥が中曽根康弘。ここまでが五大派閥で、他に総裁候補を持たない小派閥がうごめいています。この中で、明確な反主流派は三木武夫だけ。大平は明確に敵対しませんが、単に逆らう力がないだけ。中曽根に至っては佐藤の政敵だった河野一郎の後継者なのに、この時点では大臣ポストをもらって主流派入りしています。

既に佐藤内閣は七年に近く、人心は清新な風を期待していました。その佐藤の後継をめぐり、福田と田中の競争が始まっていました。とはいうものの、佐藤派と福田派が組んでいる限り、佐藤首相に逆らえる者はいません。そして参議院の重宗も隠然たる勢力を保持しています。こうした状況で佐藤主流派は外部には敵がいないものの、主流派内部での暗闘のほうこそ深刻でした。

ちなみに、このあと重宗が与党の造反で参議院議長を降ろされてしまうのを、竹中氏の

『参議院とは何か』では佐藤が容認していたとか、佐藤は痛くも痒くもなかったといったふうに書いているのですが、これには大いに異議があります。検証します。

重宗は議長三選を果たし、四選をも目論んでいました。これに対して、故・河野一郎の実弟でもある、河野謙三《けんぞう》参議院議員が反旗を翻します。これに同調する参議院の人たちで河野議長を実現しようと目論む人たちが集まり〝桜会〟をつくりました。この桜会と三木武夫が組むのです。このころの三木は佐藤に総裁選で挑み続けて連敗し、手も足も出ない状態でした。そこで、参議院に突破口を見出そうとしたのです。三木視点での「重宗降ろし」は、小著『政争家・三木武夫』（講談社＋α文庫、二〇一六年）をどうぞ。

このときの参議院議員の数からすると、何事もなく自民党が一致団結すれば自民党が推した人が議長になるのですが、桜会と三木派と、それに一人だけで反主流派にやってきた新人の参議院議員石原慎太郎が組めば、ひっくり返る可能性があったのです。

さらに問題は共産党がどう出るかでした。共産党が棄権にまわってしまえば、自民党の一部が造反したところで、佐藤が推した人が議長になります。

重宗や佐藤らは必死に河野を降ろそうとしますが、失敗します。むしろ形勢の非を悟った重宗が、議長選出馬を断念します。

ここで佐藤は、当時科学技術庁長官だった木内《きうち》四郎《しろう》を後継議長に据えようとします。ところが、造反した河野を推している三木は共産党まで説得してしまうのです。三木が毎日新聞記者の三宅《みやけ》久之《ひさゆき》を使者に立て、共産党書記長宮本《みやもと》顕治《けんじ》を説得した有名な話があります。

三宅と社会党の阿具根《あぐね》登《のぼる》代議士が宮本顕治のところへ行き、参院議長選挙でどうするのかと尋ねると、宮本は「うちは我が党の考え方でいく」と答えるので、阿具根は「おたくらが河野謙三に入れてくれなければ、佐藤が推す木内が当選してしまう。河野に入れてくれなければ、佐藤内閣に対して利敵行為をしたと見做すぞ」と凄んだところ、共産党は河野に投票したとか。

ちなみに生前の三宅氏に直接お会いしたとき、「評論家の佐高《さたか》信《まこと》さんの説によると、三宅さんと阿具根登さんが宮本顕治さんをそうやって恫喝したという話ですが」とお尋ねしたところ、三宅氏は「いや、丁寧にお願いしました」とおっしゃっていました。

どうでもいい話ですが、石原慎太郎も造反しそうになった議員を物陰に連れ込んで、ボールペンの先を相手の顔に近づけ、裏切れば目の玉を突くぞと脅した話を自分の著書に書いています（石原慎太郎『国家なる幻影　わが政治への反回想』文藝春秋、一九九九年）。本人が自慢気に書いているのですから、事実なのでしょう。佐藤や重宗の切り崩しと、三木や河野らの抵抗の凄まじさを示すエピソードです。最近の永田町では「誰それにパワハラされた」と大騒ぎになりますので、隔世の感があります。

こうした経緯があって結局、共産党も含めた全野党の支持もあって、河野謙三参議院議長が誕生しました。

さて、佐藤栄作にとって、河野議長は歓迎すべき存在でしょうか。佐藤にとっては重宗を取っ払ってくれる動きは歓迎だけれども、代わりに立てた木内四郎の落選までが計算のうちだったかというと、そんなはずはありません。

これは佐藤栄作の権力の陰りを示すエピソードにほかなりません。

河野謙三が参議院議長に当選したのが昭和四十六（一九七一）年七月十七日で、その二日前の七月十五日にはニクソン米大統領が中華人民共和国を訪問する予定を発表し、世界中に衝撃を与えた最初のニクソンショックが起きていました。さらに、その一カ月後には、アメリカが金ドル交換の停止を発表し、〝ドルショック〟ともいわれるニクソンショックがまたもや起きています。

佐藤栄作がレームダック（死に体）になっていくのは、ニクソンショックがきっかけなのです。

佐藤はベトナム戦争で苦しいニクソンに対して、核武装もＯＫととられかねないような言質を与えておきながら、非核三原則で応じました。これは、苦しむアメリカを嘲笑《あざわら》うかのように何も協力しなかったのに等しい振る舞いです。少なくとも日本政府公式の態度では何もしていません。

それに対するアメリカの意趣返しで、ニクソンが金とドルの交換停止を発表するわずか三十分前にロジャース国務長官から電話が入り、佐藤栄作に電話がつながったのは発表が始まるたった十分前でした。同盟国のよしみで事前に教えますと言いながら十分前などとは、事前通告ではなく、意趣返しそのものです。

重宗おろしは三木武夫による嫌がらせの類《たぐい》にすぎなかったのですが、そのときに起きたニクソンショックとの絡みで見ると、佐藤栄作の権力が決定的に落ちぶれたのがわかります。ただ、そんな佐藤をも倒せる敵がいなかったので、佐藤政権はその後も続いただけのレームダックだったのです。

栄耀栄華《えいようえいが》を誇った佐藤政権は、「参議院を制する者は、日本を制す」の政治の法則を思い知ることとなります。

議長になった河野は河野で「七三《しちさん》の構え」などと称し、七割は野党の話を聞く議長だとの評判が立ちました。「野党と結託しただけだ」と責められれば、「オレは国民と結託した」と平然と嘯《うそぶ》く神経の図太い人です。

　河野議長の誕生で最も打撃を受けたのは、福田赳夫でしょう。佐藤以後の政権は、二代も福田の目の前を通り過ぎたのですから。

　逆に受益者が、二人います。一人は三木武夫。三木は「クリーン」を訴え、常に小勢力を率いて、自民党では保守傍流と目されていました。しかし、いざとなれば共産党と手を組んででも、首相に意趣返しを行う。この意味は、「あまりにいたぶりすぎたら、野党と組んで自民党政権そのものを潰すぞ」です。三木は、表向きは「クリーン」を標榜しながらマスコミを味方につけ、自民党派閥政治においては権謀術数で多数派を振り回すのが真骨頂です。のちの三木政権は、河野議長に何度も助けられますから、ここで参議院に目をつけ、重宗降ろしを成功させた三木の慧眼です。

　もう一人が田中角栄です。

　佐藤栄作の後継は、福田赳夫が本命といわれていました。しかし田中は自分のほうが先に首相になろうと必死になり、佐藤栄作に選挙資金を貢ぐわ、佐藤派の政治資金の大半を工面するわといった大変な苦労をして、奴隷のようにこき使われながらも、自分の子分を増やしていきました。

田中角栄のクーデターが成功した理由

安倍晋三が登場するまで、史上最長不倒の政権を築いた佐藤栄作がいなくなる日がきます。佐藤政権は昭和三十九（一九六四）年十一月九日に始まり昭和四十七（一九七二）七月七日で終わる、連続二七九八日の政権でした。退陣直前の五月十五日に沖縄返還がなされると、佐藤は現職総理でありながら既に過去の人になってしまい、完全なレームダック化は明らかでした。

ポスト佐藤をめぐって、〝三角大福中〟と呼ばれた三木武夫、田中角栄、大平正芳、福田赳夫、中曽根康弘の五人の新実力者が争います。三木だけは旧時代の人ですが。五人の中で最有力が田中角栄と福田赳夫です。

通説では、佐藤栄作は福田赳夫にしたがっていたけれど、田中角栄がそれを跳ね返したとなっていますが、そんな単純な話ではありません。話の中身を参議院中心に描くと平坦な道ではなかったのが見えてきます。これは竹中氏の研究が優れているところの紹介ですが、昭和四十五（一九七〇）年三月ごろに「弥生会《やよい》」と名付けた勉強会の態で「参議院田中派」をつくろうとしたところ、重宗がこれをあっという間に解散させた話が書かれているところです。

　昭和四十五年三月といえば、前年の昭和四十四（一九六九）年十二月二十七日に行われた第三十二回衆議院議員総選挙で、田中角栄は自分が幹事長として自民党を大勝させ、子分を大量に当選させて間もないころです。小沢一郎《おざわいちろう》、梶山静六《かじやませいろく》など、のちに角栄の親衛隊になる若手を全員当選させる絶頂期に参議院に派閥をつくろうとしたところ、重宗の一喝で潰されてしまう、そういう人なのです。

　最終的に田中は佐藤派乗っ取りのクーデターに成功するのですが、平坦な道ではありませんでした。

　佐藤派百二人中、八十一人が田中派旗揚げに参加しました。そして、その八十一人中なんと四十一人が参議院議員なのです。残った佐藤派は無派閥の議員を入れて、二十四人で周《しゅう》山《ざん》クラブを結成し、最終的に福田赳夫派に合流します。その中には、保利茂や松野頼三などもいました（保利茂『戦後政治の覚書』毎日新聞社、一九七五年）。

　田中角栄のクーデターは、実は参議院の掌握によって成功したのです。

参議院を押さえた者が自民党総裁選を制するのです。

衆議院のほうは、派閥の領袖が反主流派でも自前で当選させることが可能でした。この時代は中選挙区制であり、しかも財界がカネをくれ、反主流派になったところで見込みがあると思えば資金が集められるので、力があれば当選させられたのです。今の状況とはまったく違います。田中は参議院議員の大半を押さえましたので、佐藤派の大半を強奪できたのです。

権力を握るためなら迷いがない田中金権政治の手法

田中には、権力を握る手法において、迷いがありません。

まず、総理大臣になるには自民党総裁になり、自民党総裁になるには総裁選で勝ち、総裁選で勝つためには派閥の人数を増やすのが基本だとわかった上で、衆議院議員には二世とタレントを増やしました。

自民党創設時には「八個師団」だった派閥は離合集散の末、五大派閥に収斂《しゅうれん》されていきます。中選挙区制では最大五議席くらいまでなので、六番目の派閥は成立し得ないというのが角栄の持論でした。そして、四番目か五番目は野党に流れるので自民党は三大派閥くらいに集約され、しかも一番強い派閥に加速度的に人が集まるだろうと角栄は考えていました。

　ではどうすれば派閥の人数を増やせるだろうと考えたとき、角栄は世襲議員が手っ取り早いと気づきます。

　それまでは地元の後援会も、代議士が引退すれば解散していました。たとえば、有名な三木武《ぶ》吉《きち》の後援会は今では跡形もありません。しかし一九七〇年代も後半になってくると、後援会が世襲されるようになります。なぜ世襲が多いかといえば、「あの人の息子が継ぐ！」となれば、能力の問題ではなく皆が納得するからです。政治家としての能力の有無ではなく、その政治家のもとで利権をむさぼろうとする構造になっているのです。よって世襲議員を増やせばカネはともかく、看板と地盤はあるのだから、カネを多少くれてやれば一番当選させやすいだろうと角栄は考えました。

　田中は、弱小派閥に所属していた親父が子供に譲ったときに、その子供本人を自分の子分にします。弱小派閥で親が苦労したので、お金さえ払えばウチの大派閥に来たほうが将来は開けるよ、などと言えば喜んで来るのです。その典型が小沢一郎と羽《は》田《た》孜《つとむ》です。小沢の父の佐《さ》重《え》喜《き》は藤山派、羽田の父の武《ぶ》嗣《し》郎《ろう》は石井派。いずれも弱小派閥で苦労しましたから、最大派閥で総裁派閥の佐藤派に現職幹事長の田中角栄から誘われたら、願ったりかなったりです。

こうしたシステマティックなやり方で衆議院議員に世襲が増えていくのは、後援会を世襲するからなのです。父子の血縁でなくても娘や娘婿が継ぐこともありますし、何の血縁もない人が継いだようでも後援会は受け継いでいる〝疑似世襲〟まで含めたら、非世襲の自民党議員のほうが少数になっていきます。

それに対して、参議院議員の地方区は地元のドンが選ばれます。どの地方にも衆議院議員より偉そうにしている〝当選七回の元県議会議長〟のようなボスがいます。そういう人に県知事を務められると困る場合に参議院に送るというやり方があります。県知事は実際に行政を握って権限があるので、そうしたドンがなるのは困る人が多いわけです。その点、参議院議員には特に権限があるわけではないので、その手のタイプの地元のドンを当選させるにはうってつけです。言い方が悪いのを承知でいえば、「養老院代わりに参議院に送る」システムができあがるのです。

市議会で威張っている長老を県議会に送り込み、県議会で威張っている人を参議院に送り込む。政治の世界で皆が一致団結して「あなた様には人望がありますので、ぜひこの選挙に出てください」などと勧めるときは、そうした思惑があります。自分たちとは同じ場所にいてもらっては困るときにそうした動きが起きます。大蔵省などは仲間内で皆が納得する人が上に行くのですが、政治家でそれはあり得ません。政治家の世界にあるのは、上に行きたければ力で押さえつけるしかない構造ですから。

参議院の全国区は、選挙区自体が広いので、組織力があるか、知名度が高い人しか当選できません。そこで、業界団体の利益代表とタレントが有力候補になります。田中は、業界団体の代表を「族議員」とし、タレントを議員にしていきました。

さらに田中は、衆参両院で「企業ぐるみ選挙」を推進しました。「この候補にはこの企業」と割り当てていくのです。応援してくれる企業がつけば、その会社が有給で社員を派遣して選挙を手伝ってくれます。企業がつけばカネも要らなければ運動員の手間も省け、その代わりにその会社の利益のために働く。そうやって癒着が完成していくわけです。

行政権力を民間に行使するのは、官僚です。企業は政治家にカネと票と労働力を提供して、官僚を牽制してもらうわけです。吉田茂が戦後政治の路線を敷き、岸信介・池田勇人・佐藤栄作の歴代官僚出身政治家を、財界が支援しました。この人たちエスタブリッシュメントは、「保守本流」を自称します。帝国大学を出たエリートたちがつくった支配層に、角栄は割り込みました。業界を支配して権力を握り、既存の財界をも従わせようとの勢いです。

さらに田中派は〝族議員〟というシステムをつくり、「総合デパート」「総合病院」だと豪語します。どの役所への陳情でも田中派の誰かがこなすからです。同じ派閥への陳情なら、たとえ自分がこなせなくても幹部に回して対応してやるシステムができあがるので、業界団体は田中派に殺到しました。

その決定的なのが昭和四十九（一九七四）年七月七日、第二次田中角栄内閣のもとで行われた第十回参議院議員通常選挙です。空前の金権選挙で〝五当四落〟ともいわれた選挙でした。五億円使った候補は当選するが、四億円では落選するという意味です。

政治は力。力は数。数はカネ、だったわけです。

ここまでしても弱体だった田中内閣

田中角栄内閣は、そこまでやりながらも、実は意外と弱体政権でした。

昭和四十七（一九七二）年の自民党総裁選挙は、一回目の投票で田中角栄一五六票、福田赳夫一五〇票で、三人寝返っていたらどうなっていたかわかりませんでした。ちなみに、大平正芳一〇一票、三木武夫が六九票でした。どの候補者もこのときの過半数二三九票に達せず、田中と福田で決選投票となりました。田中は大平、三木と連合したのですが、決選投票では田中角栄二八二票、福田赳夫一九〇票でした。一回目に大平、三木に入れた人が、決選で角栄には入れず、数十人単位で福田に入れたのがわかります。

しかも、中曽根康弘は最初から自分は立候補せずに田中角栄に入れています。四十人弱の支持を持つ中曽根康弘が立候補していれば、田中角栄は一回目の投票で一位にはなれなかった計算にもなります。

数十人単位での造反があった事実から考えると、三木武夫が味方してくれていなければ、田中は福田に負けていました。

五大派閥の中で福田赳夫が一人だけ孤立しているような状況ですが、総裁になった田中角栄とて、大平、三木、中曽根の五大派閥中、下から数えた三大派閥の領袖全員に頭を下げなければ政権運営ができず、また、組閣のときでも小突き回されるような有り様ですから、田中政権は弱体政権だったのです。

田中派は最大派閥一歩手前ぐらいで、しかも選挙に勝った総理大臣なので、いろいろやりたいことをやり、それなりに通るのですが、反発も強いのです。

衆議院選挙でも意外と勝てず、野党が結束して対立します。野党が強いときに、自民党の反主流派が造反すれば法案が通らなくなります。
自民党には三十人以上はいる五大派閥があって、三十人の派閥が本気で造反し、総理大臣は法案が通らなければ、反対に不信任案さえ通されてしまう事態が起こり得ます。だから、反主流派をとことんまで痛めつけずに適当なところで妥協する権力構造ができるのです。ましてや「重宗降ろし」の三木のような真似をされて野党と組まれたら、自民党政権そのものが吹っ飛びかねません。田中角栄はそうした構造に最も振り回された総理大臣でもありました。足元の衆議院からしてこのような状態だからこそ、がむしゃらに数の力を拡大しようとしたともいえます。

田中角栄は河野謙三とは個人的には仲が良かったらしいのですが、それでも河野は野党に推されて議長になったので、自民党の言うことをあまり聞かないわけです。まるでかつての吉田内閣の再演で、総理大臣が緑風会から出た参議院議長に気を遣った時代に戻ったかのようでした。

田中首相は、そもそも衆議院でさんざん小突き回されているので参議院どころではありませんでした。そこに、空前の企業ぐるみの選挙を行ったのが昭和四十九（一九七四）年。このころ、高度経済成長を田中は自らの無能で終わらせてしまいます。「日本列島改造計画」

です。過度のインフレが始まっているときにインフレを加速させるような積極財政をやってしまい、しかもそこに石油ショックが加わり、狂乱物価と呼ばれる地獄が始まって高度経済成長が終わり、日本は長期不況に突入していくことになります。

角栄が遮二無二に参議院選挙でやったのが、例の企業ぐるみ選挙でした。

そこでよせばいいのに、大悪手《あくしゅ》をやらかしてしまいます。「徳島代理戦争」です。反りは合わないけれど主流派の三木武夫副総理の地元で、定数一の三木派の現職議員の久《く》次米《じめ》健太郎《けんたろう》がいる徳島選挙区に、元警察庁長官で現内閣官房副長官の後藤田正晴《ごとうだまさはる》を公認して立てる暴挙に出たのです。三木は当然、怒り狂います。派閥を挙げて久次米を当選させ、後藤田を落とします。そして、三木は抗議の意味で副総理兼環境庁長官の辞表を叩きつけ、三木派は主流派から離脱しました。次いで、角福戦争で二年前に負けた福田赳夫蔵相も辞任し離脱。こうなると角栄は、ますます主流派に残ってくれた大平と中曽根に頭が上がらなくなり、内閣改造も思うにまかせず、結局、スキャンダルで退陣に追い込まれました。

弱体三木政権の即死を防いだ河野議長

ポスト田中をめぐっては、ずっと主流派で田中を支えてきた大平正芳と、反主流派筆頭の福田赳夫の一騎打ちと見られていました。〝三角大福中〟のうち、中曽根康弘はまだ若く、経歴も足りないので今回は総裁選に参加することに意義があると自他共に認めていて、総裁に誰がなろうと、自分は幹事長になるのを狙っている人でした。

ところが、大福一騎打ちと思いきや、本気で政権を狙っていたのが三木武夫でした。ポスト田中の総裁選びは選挙ではなく、椎名悦三郎《しいなえつさぶろう》副総裁の裁定によって三木が選ばれました。当時、三木派は第四派閥でした。このとき、福田か大平を総裁にすれば、三木は自民党を割って新党をつくるつもりでした（この経緯は多くの証言や研究で述べられてきましたが、竹内桂『三木武夫と戦後政治』〈吉田書店、二〇二三年〉を最新の研究として推奨しておきます）。三木は三年前、重宗降ろしで共産党をも巻き込みました。何をしでかすかわかりません。

椎名としては、三木を推す以外に選択肢はありませんでした。いわば、三木が椎名に自分を指名させたのです。密室政治を批判していた三木が、密室政治の極みのような陰謀によって総理大臣の座を奪い取りました。

選挙によらず密室政治の陰謀で政権を奪い取るとどうなるかといえば、政権の弱体化です。選挙による正当性がないので、三木より派閥の人数が多い大平、福田は「なぜアイツを総理大臣にしなければいけないのか」と思うのは当たり前で、退陣する当の田中角栄さえ自分は一時的に失脚しただけとしか思っていません。

三木にはいくつかやりたいことがありました。その一つが独占禁止法（独禁法）の改正です。自民党の最大スポンサーが財界で、独禁法は〝財界憲法〟と称され、ここに手を触れるのは許されない不文律などにはお構いなく、三木は驚異の粘り腰と説得交渉で衆議院は通します。しかし、参議院では造反が出て廃案になりました。しかし、三木のあまりにも、ねちっこい……ではなく、粘り強い交渉に党内の三大派閥は仰天したといいます。

また、三木は公職選挙法、政治資金規正法の改革案を出します。田中角栄が露骨な金権選挙をやったので、田中の逆をやって人気を得ようとしたのです。しかしこれも反主流派から造反が続出し、可否同数になってしまいました。

当時の憲法学では可否同数になったとき、議長は現状維持のために「否」のほうに入れるべきだとの説もあり、それが多数説でした。ところが、このときの参議院議長河野謙三と三木武夫は仲が良く、河野議長が「可」のほうに入れ、三木政権の悲願だった政治改革法案を通しました。

このとき、何でも反対の共産党と田中角栄と仲がいい公明党が反対していたのを、三木が社会党、民社党と仲が良かったのも影響し、最後は河野の一票でひっくり返して三木は首の皮一枚でつながります。これは三木が政治生命をかけた法案で、通っていなければ三木内閣は即死していてもおかしくなかったので、三木は思わず「天は我を見捨てなかった」と叫んだほどでした。

景気が悪化し、もはや赤字国債を出さなければならない状況の中で、歳入が足りなくなるからと、大平正芳蔵相は酒とたばこを増税させてほしいと法案を出していました。今でもそうなのですが、酒・たばこは大蔵省が好きに増税していいとする謎の理屈があります。そうはいっても税なので法律は通さなければなりません。

政治改革法案が通ったあと、まだあと数時間の審議時間が残っているので、大平蔵相が河野議長のところに駆け込み、急いで採決してくれと言うのに対して、河野は「議会制民主主義をなんと心得ておる」と、審議もせずに強行採決するようなまねはしないとがんと言い張り、あげくの果てに「財政危機といってもしょせんゼニカネのことじゃないか。そんな問題で議会のルールを曲げるわけにはいかんよ」と言い放ったのです（塩田潮『百兆円の背信』講談社、一九八五年、一〇九頁）。

参議院議長が増税を求める大蔵省に向かって「たかがゼニカネの問題」と言って廃案にしてしまう、今では信じられない出来事でした。

総理大臣になったとはいえ、三木武夫は自民党の五大派閥の第四派閥の領袖にしかすぎず、最後は〝大福〟のみならず、福田を含めた三大派閥を敵に回すのですが、重宗降ろしのときから参議院の重要性がわかっていたので、参議院議長の河野とは仲良くして政権維持に使っていたわけです。

河野謙三は、昭和四十六（一九七一）年七月に議長になりました。昭和四十九（一九七四）年七月二十六日に、第二次田中角栄内閣のときに任期満了を迎えます。しかし、田中角栄が弱体政権だったので、河野謙三を参議院議長から降ろさせませんでした。河野謙三の議長任期満了に先立って行われた第十回参議院議員通常選挙で田中角栄は負け、自民党は参議院の過半数に一議席多いだけの一二六議席しかなく、河野を降ろしても野党と結託されれば負けてしまうので、河野続投でもう一回行こうとなったわけです。

ところが、三木がいなくなったあと、福田赳夫内閣のときに行われた昭和五十二（一九七七）年の第十一回参議院議員通常選挙で復調します。河野が造反しても主流派だけで野党を蹴散らせる状況になり、河野はいくら野党と組んだところで勝てないので自ら参議院議長を降り、河野時代が終わりました。

河野時代の終わりとともに変化が起きます。参議院議長、副議長の党籍離脱です。

自民党が結成されて以来、松野鶴平、重宗雄三、河野謙三と参議院議長の影響力は絶大でした。松野、重宗は自民党の党籍のまま参議院議長を務めたのに対し、河野謙三は自分が議長になったとき、全党に公平な運営をするとして党籍を離脱しました。しかし、田中、三木内閣のときは伯仲国会だったので、自民党党籍を離れても河野は影響力を持ったままでした。

三木のあとの福田赳夫首相が河野謙三の次に据えた参議院議長安井謙《けん》のときから、議長のみならず副議長も党籍を離脱させます。河野が始めた党籍離脱を福田内閣のときに確立させ、今に至るまでの慣例になっています。それと同時に自民党が参議院選挙で勝ち続ける限り議長の影響力がなくなっていくのです。

参議院議長に代わって、参議院自民党の影響力が大きくなっていく時代へと入っていきます。

第二章のまとめ

一、歴代自民党総裁（総理大臣である）は、参議院議長に政権運営を依存した。

二、松野鶴平、重宗雄三の二代の参議院議長は自民党党籍を離脱せず、自民党総裁選でも影響力を行使した。

三、河野謙三議長は、弱体政権だった田中角栄と三木武夫の両政権で、何度も窮地を救った。

第三章

「闇将軍」の参議院掌握

衆参同日選挙が与党に有利な理由

日本の憲法学者の間では、「衆参同日選挙違憲論」が有力説です。衆議院議員総選挙と参議院議員通常選挙を同じ日に行うのは、憲法違反だとの考えです。

吉田内閣のときは、「ほぼ同日選挙」といえるのが二回ありました。その二回ともが、五日だけずらして行われています。昭和二十二年四月二十五日投票の衆議院選挙の五日前に、参議院選挙。同じように、昭和二十八年四月十九日投票の衆議院選挙の五日後に参議院選挙が行われています。なぜ同日選挙にしなかったのか、理由は不明です。

外国だと、同日選挙のほうが普通なことも多いです。イギリスは貴族院なので選挙がなく、フランスの元老院も、国民が一斉に選ぶ選挙ではありません。日本が衆議院と参議院の両院を選挙で選ぶのと同様の国、たとえばイタリア、スペイン、オーストラリア、ベルギーなどでは、同日選挙が慣例化されています。ちなみに、伊西豪白四カ国では日本の衆議院に解散があるように、上院のほうにも解散制度があります（小堀眞裕「上下両院同日選挙・別時期選挙に関する日豪理解の違い」立命館法學、No. 387/388、pp. 1881–1911, 2019–5/6）。

なぜ日本は同日選挙が慣例化していないのかの理由の一つとして、事務の煩雑さが考えられます。衆議院議員選挙は最高裁の国民審査が同時に行われ、さらに参議院議員の選挙で地方区と全国区をやれば、全部で四枚の投票用紙を書かなければなりません。平成の政治改革以降は、衆議院選挙は小選挙区と比例区の二枚の投票をしなければなりませんから、今の制度で同日選挙をやれば、五枚の投票をしなければなりません。

これが大変だろうという理由です。

竹下登や福田赳夫は衆参同日選挙には否定的で、少なくとも慣例化するのには反対していました。表向きには、竹下は衆参同日選挙が慣例化すると二院制の否定につながるとの考え、福田は同日選挙の最中に緊急集会の必要が生じれば対応できないとの考えが理由だったようです（前掲小堀「上下両院同日選挙・別時期選挙に関する日豪理解の違い」）。

本音のところでは慣例化されると衆議院の解散権が縛られてしまうと思っているのでしょう。参議院には解散がないので、参議院選と同時に必ず衆議院を解散しなければならないとなると、そのときの支持率が悪いのに衆議院まで選挙をやって負けるリスクをおいたくないという理屈のようです。逆に支持率がいいときはダブル選挙をやれば絶対に勝てるので、憲法学者は違憲論を唱えるのでしょう。実際に、本章で触れる通り、大平内閣でも中曽根内閣でもダブル選挙をやって自民党は大勝しています。

なぜ、同日選挙をやると自民党に有利になるのか。

衆議院は野党共闘がしやすいからです。特に今はそうです。今であれば、小選挙区に候補者を一本化すればいいのです。小選挙区に合わせて比例で受かるので、その小選挙区に候補者を出さず、協力している別の政党は「比例は〇〇党」と言って投票を呼び掛けます。たとえば、立憲民主党の候補者であれば「比例は共産党」と言うなどするやり方で衆議院では共闘しやすくなります。小選挙区制は基本的に一人しか受からない選挙プラス比例復活のおまけなので。

これが中選挙区制の時代であれば、棲み分けをすればいいのです。たとえば、定数五の選挙区で自民党が三人通そうと思えば、有権者にあなたはこちらに、あなたはそちらに入れてくださいと票割りをしていました。野党同士でも同じ方法でやればいいだけです。自民党は一つの政党の中だからやりやすいと思うかもしれませんが、一つの政党の中で複数の派閥のやりとりなので、複数の政党間でやるのと変わりません。野党も共闘して政党同士でやりとりをすればいいだけです。やり方は同じなので、衆議院は比較的調整しやすくなります。

それに対して参議院での野党共闘は、至難です。全国区は人気投票なので、協力もへったくれもない選挙になります。日本全国を一つの選挙区で五十人くらいを選ぶけれども、有権者は一人しか選べません。全国区の候補者にとっては、自分以外は全員がライバルです。

比例代表であれば大きな政党のほうが受かりやすいというのがあります。たとえば、二十万票持っている支持団体を得ている候補は、国民民主党だったら落選かもしれないけど、立憲民主党に行けば余裕で当選です。令和四（二〇二二）年の参議院選挙でいえば、矢田わか子氏の得票数は一五万九九二九票です。国民民主党の候補中、四位の得票数です。しかし、国民民主党の獲得議席は、三。矢田氏は無念の落選となりました。このときの立憲民主党の比例での獲得議席は七、立憲民主党で最下位当選の石橋通宏《みちひろ》氏の得票数は一一万一七〇三票です。矢田氏が立憲民主党から出馬していたら、当選していました。

強力な与党に対抗するには、異なる政党が「統一名簿」を作成して選挙を戦うべきだとの意見もあります。しかし、立憲民主党で矢田氏より票が少ない人が、同じ党に来るのを喜ぶでしょうか。統一名簿を作っても同じことです。

ちなみに、このときの選挙での全国最少得票当選者は、青島健太氏の三万三五五三票です。日本維新の会でなければ当選しない得票数です。

一方の地方区は衆議院と同じなので比較的マシです。ただし、共闘で一本化できればいいのですが、過半数の選挙区が一人区でしかも比例復活もないので、「なぜあの党に譲らなければならないのだ」といった話になりやすいのが現実です。

このように、共闘がしやすい衆議院に対して、参議院は原則的に協力がしにくいのです。だから、衆参同日選挙をやれば自民党は一枚岩で、公明党がくっついてきてもこれまた一枚岩で政党を挙げてフル稼働し戦えます。対して野党はバラバラに戦わなければならなくなり、野党間の利害調整が困難になるので、同日選挙は自民党に有利になります。

ただし、同日選挙が慣例化し常にダブル選挙になれば、野党に準備されてしまうので、与党は嫌がる。

二院制で二院とも選挙で選ぶようにしたがゆえの問題です。

四十日抗争でも参議院が決定的な役割を果たした

歴史に戻りましょう。

昭和五十一（一九七六）年十二月、衆議院選挙敗北の責任を取り、三木武夫首相が退陣を表明しました。代わって総理総裁の座についたのは、福田赳夫です。負けたといっても、自民党が第一党であるのには変わりません。議席を大きく減らし、与野党伯仲国会となりました。妥協に妥協を重ね、「予算が修正された」「野党に減税を呑まされた」と大騒ぎになりました（詳細は、小著『検証　財務省の近現代史』光文社新書、二〇一二年）。それでも、昭和五十二（一九七七）年の参議院議員通常選挙を乗り切ってからは、福田政権は安定してきました。過半数割れで衆参両院のねじれ国会かと予想されていたのに、無所属の追加公認を合わせて過半数を二議席超えました。福田は、大平正芳と田中角栄の支援で首相になり、「一期で譲る」と約束していたのですが、参議院選挙を乗り切ってからは自信を深め、「世界が福田を求めている」とかわけのわからないことを言い出しました。あげく田中・大平両派を切り捨て、三木・中曽根派と主流派を入れ替える構えすら見せます。そして約束を反故にし、総裁選に出馬しました。

　結果、昭和五十三年の自民党総裁選では、大平が田中派の支援で一位。福田は「自民党総裁選で敗れた唯一の現職総理大臣」として政権を去ります。

　その大平は、衆議院の伯仲国会を解消しようと、解散総選挙に打って出ましたが、大敗。三年前の三木は二四九議席の過半数割れで退陣しましたが、大平は二四八議席でも居座ります。主流派を形成する田中角栄が、「反主流派に大平を降ろす力はない」と強気だったからです。だから、福田・三木・中曽根の反主流三派は敗戦責任を追及しますが、大平は居座ります。世にいう、「四十日抗争」です。総選挙の日から四十日間、自民党の派閥抗争が続いたので、こう呼ばれます。

では、この田中の自信の根拠は何か。参議院の数です。

総理大臣は国会の首班指名で決まりますが、昭和三十（一九五五）年の自民党結成以降はセレモニーでした。なぜなら、衆議院では常に自民党が過半数なので、自民党総裁選挙こそが、総理大臣を決める実質的な選挙になったからです。首班指名では自民党議員は、総裁に投票します。

しかし、四十日抗争は例外でした。大平総裁の存続を認めるか否かで大角主流派と三福中反主流派は妥協できず、遂には首班指名候補を決められなかったのです。

大平・田中の主流派は、首班指名候補を通常通り両院議員総会で決めようとします。総裁選を行わないとき、自民党には衆参両院議員の意思決定機関として、両院議員総会があります。首班指名直前の両院議員総会は決まったことの承認機関ですが、大福連合は反主流派をここで待ちえて決戦する構えでした。このとき、衆参両院の数を足すと主流派が反主流派より多かったのです。

これに対して反主流派は、代議士会での決定を要求しました。総理大臣の首班指名は、衆議院が優越する。だから、衆議院議員だけの代議士会で決めるべきだ。というのは強引な建前で、衆議院議員だけなら反主流派のほうが少しだけ数は多かったのです。

しかし、反主流派の言い分は強引です。また、「総理大臣の権力は国会議員百人分」ともいわれます。三年前の三木降ろしでは、党内の七割近くが三木首相に退陣を迫りましたが、任期満了解散までかないませんでした。三木は首相の権力を使って、悉くかわし続けたからです。そして四十日抗争では、主流派は自民党国会議員の六割。なぜ数が少ないほうが、総理大臣を引きずり降ろせるのか。こうした理由で、切り崩される代議士が続発します。

結果、反主流派は、主流派の開いた両院議員総会をボイコット。自民党から首班指名に二人の候補が出馬する。しかも、党が分裂しないのに、という異常事態に突入しました。

十一月六日に首班指名選挙が行われます。

衆議院では、大平一三五票、福田一二五票、ついでに三位が社会党の飛鳥田一雄委員長一〇七票。大平は反主流派から九票を切り崩し、さらにミニ政党の新自由クラブの四議席をも巻き込んでの薄氷の勝利です。決選投票では、大平一三八票、福田一二一票。さらに切り崩して、勝利しました。

大平も福田も他の野党に触手を伸ばしましたが、結局は、新自由クラブ以外は大平にも福田にも投票しませんでした。この動きは、前掲小著『歴史検証 なぜ日本の野党はダメなのか？』（光文社新書、二〇二二年）をどうぞ。

大平が衆議院で勝利したのは、最終的には野党をも巻き込んだ切り崩し工作です。では、なぜその切り崩しが成功したか。切り崩しが成功するには「たぶん、大平が勝つだろう」と思わせねばなりません。そう思わせたのが参議院の数です。

参議院の首班指名は、大平七八で一位に対し、二位は飛鳥田の五一票です。福田は三八票で三位。決選投票では、大平九七票に飛鳥田五二票。一回目の投票で福田に入れた自民党参議院議員も、決選投票では大平に入れました。大平首相の続投が濃厚な以上、無駄に現職総理の恨みを買いたくないからです。

参議院を制する者は、日本を制す。日本の最高権力者である総理大臣を衆議院議員だけで決めているようで、実は参議院の影響力は大きいのです。

田中角栄の絶頂を支えたのは参議院

仮に福田が衆議院の多数派工作に成功していたとしましょう。返り咲いた「福田総理」は、参議院の運営に苦労したでしょう。参議院で大角連合は、〝福田主流派〟の倍以上の勢力ですから。

史実では、大平は勝つには勝って政権存続したものの、常に不安定な政権運営でした。日々の行政をこなすだけで何事もなし得ないまま、昭和五十五（一九八〇）年の通常国会を終えようとしていました。六月に参議院選挙が予定されていました。だから通常国会は五月まで。通常国会終了直前には、野党が不信任案を提出するのが恒例行事でした。野党も選挙前には支持者に「頑張っています」アピールをしたいところです。自民党が多数の国会では内閣不信任案など否決されるに決まっていますから、誰も傷つかない恒例行事なのです、普段は。

ところが、このときは半年前の四十日抗争を引きずっています。反主流派が野党に同調、不信任案を可決させてしまうのではないかとの観測が流れ始めました。実際は、反主流派の頭目の福田赳夫は、不信任案可決をチラつかせて、大平に妥協を迫るつもりでした。

このチキンゲームに、大平の背後にいる田中角栄は強気でした。田中は首相の大平に「妥協するな。反主流派が不信任案に同調するなら、衆議院を解散し、参議院と同日選挙をやってしまえ」と秘策を授けます。妥協を迫る福田に、大平はゼロ回答。

野党は「不信任案が可決したらどうしよう」と怯えながら、昭和五十五年五月十六日に内閣不信任案を提出します。

土壇場で中曽根派は主流派に寝返り、不信任案否決に回ります。福田派と三木派は賛成こそしませんでしたが、欠席。ただでさえ前年総選挙の敗北で伯仲国会なのに、三福両派の欠席で自民党は少数に、野党の提出した内閣不信任案が可決されてしまいます。大平は予定通り解散、衆参同日選挙に突入します。ハプニング解散です。

選挙中に大平が心労で死亡したこともあり、同情票が自民党に流れました。六月二十二日の投票で、自民党は、衆議院は二八四議席、参議院で六九議席の大勝でした。伯仲国会は終わりを告げます。過半数を超えること、衆議院で約三〇議席、参議院で約一〇議席です。

さて、田中角栄の絶頂期を迎えます。亡き大平は、党内の他すべてを敵に回しても、田中角栄と最大派閥田中派さえ味方にしておけば、総理の座を守り切れました。このときの田中はロッキード事件の刑事被告人で、自民党議員でさえありません。しかし単なる無所属の衆議院議員でありながら、自民党最大派閥の田中派は健在です。健在どころか膨張を続け、百人を超えます。

その力で、大平派の番頭の鈴木善幸を後継首相に据えました。それまで自民党政治では、派閥をつくり、党幹部や主要閣僚の経験を重ねるのが、総理大臣の修業と目されていました。この時期に総理総裁の座を激しく争った、三角大福中の五人は全員がそうです。総理大臣を目指す政治家は別格感がありました。ところが「あの善幸が？」となります。

鈴木善幸は大平派の番頭で、党務こそ総務会長十期で「揉め事解決屋」のようなポジションでしたが、大蔵・外務・通産の主要閣僚経験はゼロ。お世辞にも政策通とはいえない政治家でした。その善幸が角さんのおかげで首相になれた！　当然、自民党議員には衝撃が走りますし、「角さん詣で」が始まるのも自然でしょう。角栄の屋敷にちなんで、「目白の闇将軍」と呼ばれるようになります。

田中の権力を脅かす政治家はいなくなりました。三木はハプニング解散のあと、派閥を河《こう》本《もと》敏《とし》夫《お》に譲って、半引退状態。中曽根康弘は若く、次の総理の座を目指して、「目白詣で」の筆頭。昨日までの同盟者を歯牙にもかけなくなります。田中に対抗できるのは福田赳夫くらいですが、これは絶望的なまでの政治音痴。怖くも何ともありません。

とはいっても、福田派も衆議院議員の数においてはそれほど負けていませんし、中選挙区制なので若手は派閥の力で当選させ、中堅以上は自力で当選できるのです。自民党は「派あって党無し、個あって派無し」といわれるぐらいで、また「自民党の敵は自民党」ともいわれていました。

田中派のこれまでの道のりを、角栄の視点で振り返ってみると、角福戦争で勝ったのは薄氷の勝利で、自分の内閣は弱体で、三木内閣のときには牢屋にぶち込まれるし、福田内閣のときの田中派は主流派なのか何かよくわからない準主流派のような立場であったのを、ようやく力ずくで大平を復権させたものの〝三福中〟を相手に接戦で、これもまた薄氷の勝利でした。しかし、大平は他の三大派閥を全部敵に回しても角栄一人と組んでいたのですから、田中派の権力は絶頂期でした。たとえ薄氷の勝利であっても勝利を続けることで鈴木内閣になって田中派の力を示したのです。

そして、鈴木内閣で田中派の影響力が決定的になった出来事が二つあります。

一つは「総理大臣にさせてやる代わりに幹事長をよこせ」との要求です。つまり、総理大臣をやらせてやる代わりに、実質的な総裁としての権力は全部よこせというのです。

なぜそんな要求ができるのかというと、大平がまさにそうであったように、他の派閥全部を敵に回しても、田中派と組めば総理大臣になれるし、総理大臣の椅子を守れるからです。

そのようなわけで、総理大臣が毎日目白の田中に電話して情勢報告する世の中が登場してきます。本当かどうか知りませんが、大平は秘書をとおさず必ず自分で目白に電話をかけていたそうです。下手なプライドよりも実利を取る。慎重な性格の大平ならありそうなことですが。

それにひきかえ、中曽根はときどき報告を意図的にさぼっては、ちくちくと角栄に圧力を掛けられ、そのたびに慌てて詫びを入れる繰り返しだったそうです（小林吉弥『田中角栄の「人を動かす」極意』光文社、一九八六年、一三〜一四、三二頁）。

田中派は基本的に、党の中枢の幹事長と、その下の国会対策委員長を握ります。首相は内閣で行政を動かしますが、与党と国会を田中派が握ります。行政がやりたいことも、自民党が認め国会を動かさねば通りません。

そしてもう一つが、ここからやはり参議院がカギになります。拘束名簿式比例代表制の導入です。選挙制度推進は幹事長の権限ですから、田中の差し金です。

このときに導入された比例代表制は、単純比例配分ではなく、政党ごとに当選者を配分していくやり方で「ドント方式」と呼ばれます。なぜこんなややこしいやり方をしているのかまったく理解できない謎の方式を採用します。それはともかく、選挙の際は名簿を出しその順位が上の人から当選していきます。これを拘束名簿式といいます。

提出する名簿の順位を誰が決めるのかといえば、党の幹事長なのです。幹事長はもちろん総理総裁の意向もある程度聞き、他の派閥の意向も聞くとはいえ、最終的に幹事長が名簿の順位の決定権を握っていて、しかも幹事長の派閥が最大派閥なのです。名簿の上位にいたければ、田中派に入りたくなるのが人情です。

いってしまえば、幹事長が名簿の順位をつけた瞬間に選挙が終わっているのです。拘束名簿式の比例代表制の選挙は、党の上位の順位をもらうのが選挙活動です。林健太郎元東大総長などは名簿二位の順位をつけてもらった瞬間に選挙活動をせず、当選してからの六年間は国会図書館に入り浸るだけでこれといった議員活動はしなかった人でした。逆に、自民党で名簿三十位などになると百パーセント受からないですから、反抗した候補者は名簿の下の順位にしてしまうといった報復ができるのです。誰とは言いませんが、○○幹事長に「×億円、持ってこい」と言われて拒否したので、名簿の順位を下げられて落選した人もいます。さすがにこれは、実名では書けません……。

田中角栄の衆議院掌握は誰もが言いますが、田中角栄の参議院掌握は言及されません。

田中は大蔵省を掌握していましたから、予算を地方にバラまきます。ただし、自分に忠誠を誓った代議士の選挙区に。参議院は三年ごとに半数改選ですから、その県から選出される二人の参議院議員を田中派で独占することも可能です。ちなみに田中のおひざ元の新潟県選出の参議院議員は、長谷川信《しん》・塚田十一郎《じゅういちろう》と二人とも田中派でした。この調子で全国に派閥を拡大していきます。

参議院を掌握したので薄氷の勝利を続けていた角栄の権力が絶対的になっていくのです。

日本政治を蝕む田中角栄

鈴木善幸はどんなに無能でも「角さんの靴の裏を舐《な》めれば首相になれた最初の人」だったので政権担当能力はありませんでした。首相になった二年後の昭和五十七（一九八二）年十一月に突如としてクビになります。

当時の自民党は総裁選で候補者が四人になれば党員全員が投票する総裁予備選をやり、候補者が三人までなら予備選は行わず国会議員だけで選挙をするやり方になっていました。

反主流派筆頭の河本敏夫は日大出身で、百万人の党員の党費を立て替えて党員を確保し最大の票を持っていると噂されていました。国会議員の数では支持者の数は劣るけど党員投票なら勝てると踏んでなんとか予備選に持ち込もうとすると、主流派のほうも手が込んでいて、候補者が四人揃わなければ総裁公選は行わないと、数の力でルールを勝手に変えてしまうのです。負けそうなら選挙を行わないのは、実は角栄もやっているのですが、意外と知られていません。

当時、候補者として、再選を目指すであろう鈴木善幸首相、反主流派代表の河本敏夫、主流派に走っている中曽根は出るか出ないかわからないので、福田派が若手の代表格安倍晋太郎《あべしんたろう》を出そうと考えていました。中曽根が出なければ独自の派閥をつくっていた若手の代表中川一郎《なかがわいちろう》を出して、鈴木、河本、安倍、中川で総裁選をやろうと考えていたのです。中曽根が出るのであれば、反主流派は中川を出さなくていいのですが。

こうなった局面で角栄は鈴木善幸を降ろして、中曽根を立てたのです。主流派は、「四人の候補者が揃わないと党員全体の予備選は行わない」に加え、「国会議員五十人の推薦がないと出馬できない」とさらなる謎ルールをつくっていました。党員票を集めたと噂された河本を警戒していたのでした。主流派から中曽根しか出ないとなると、反主流派は百五十人の推薦人を集めねばなりません。主流派は「どうせ百五十人も集められない。ならば一気に国会議員だけの投票で勝負をつけられる」と読んでいました。田中・鈴木・中曽根の三派が組めば、自民党国会議員の過半数です。

しかし、河本の軍師の松野頼三が無派閥議員をかき集めるだけでなく、田中派参議院議員二人を切り崩すという離れ業を見せました。切り崩されたのは、源田実《みのる》と塚田十一郎です。源田は頑固な帝国海軍軍人で派閥の意向を無視した思想信条、塚田は息子の徹が松野の女婿です（丸亀弘明『謀略の派閥人間学　自民党を握る者、天下を制す　新聞が書けない暗闘のすべて』経済界、一九八三年、五九～六二頁）。

ただし、主流派が心胆寒からしめられたのは、ここまで。予備選に持ち込んだ上で「予備選になれば勝つぞ」と見せて妥協を図ろうと、選挙ではなく話し合いに持ち込むのが狙いです。しかし話し合いを続けても、主流派は妥協を拒否。実際に予備選になると、角鈴中の主流三派はフル稼働で票集め、党員数は議員数に比例するようにできています。百五十人が二百五十人と票集めをやって勝てるわけがありません。

中曽根は党員票の過半数の五十五万票を集め、圧勝しました。河本は小派閥ながら検討しましたが、二十六万票です。

中曽根は組閣で、党の要の幹事長を「私の趣味は田中角栄」と公言する側近の二階堂進《すすむ》に明け渡します。二階堂自身がロッキード事件で灰色高官として名前が挙がっていましたから、マスコミに叩かれ支持率が下がろうが、田中に忠誠を尽くすとの表れです。それどころか、閣僚は田中派に、竹下登蔵相ほか六ポスト。すべてを田中と相談しながら決めます。もはや毒食わば皿までと言わんばかりに、内閣の番頭役である官房長官も、田中派の後藤田正晴を据えます。後藤田は元警察庁長官・田中内閣の官房副長官で、「官界の天皇」の異名を持つ男。田中の用心棒みたいな存在です。マスコミは案の定、「田中曽根内閣」と書き立てました。真相は、「後藤田官房長官」まで押し付けたわけではなく中曽根のほうが望んだようですが、政権を牛耳る強大な権力を田中が欲したのは確か。異常なまでの派閥膨張が、総理大臣の椅子を思うがままにできる権力の源となりました。

田中角栄がなぜそこまで無茶をするのでしょうか。ロッキード事件で刑事被告人なので、最大派閥の領袖として総理大臣の首を挿げ替えるぐらいの権力を持っていたなら、裁判所も自分に歯向かわずに無罪判決を出すかもしれないといった、何の根拠もない妄想を抱いていたからです。しかし、現実にはあえなく有罪となりました。

マスコミは、角栄は有罪判決を受けたのだから衆議院議員を辞職しろと迫ります。衆議院議員でなくなれば影響力を行使できなくなるだろうから辞めろというのです。しかし角栄は「うるさい」と、自分一人に衆議院議員辞職を求めるのであれば、いっそ衆議院を解散して、代議士全員をクビだと中曽根首相に横暴を迫りました。

中曽根はどうしてロッキード事件で有罪判決を受けた角栄の命令で、総理大臣が解散しなければならないのかと思いつつ、密室で角栄と一対一のサシの会談で角栄を説得しようとしたところ、反対に命令されてしまって解散すると、案の定、大敗でした。

史上最悪の選挙は党利党略、派利派略ですらない、田中角栄一人の個利個略です。

自民党は選挙で負けてしまい、河野洋平が代表を務める新自由クラブと連立し、参議院どころか衆議院でさえ過半数を持っていない時代が到来するわけです。

昭和五十八（一九八三）年、この年に起きた政治日程は、六月二十六日に参議院選挙投票、十月十二日にロッキード事件第一審判公判で田中角栄に有罪判決、十二月十八日に衆議院選挙投票です。この中で、夏の参議院選挙と田中判決は日程がほぼ決まっています。中曽根周辺には衆参同日選挙を模索する向きもありましたが、見送られました。仮に六月の時点で同日選挙を敢行していたら、自民党は大勝、中曽根政権は安定的な政権運営が可能だったでしょう。

しかし、それは闇将軍である田中にとって、中曽根が自分の手を離れることを意味します。強くなりすぎる首相は、好ましくありません。田中は自分の無罪を確信していたようですが、有罪になったあとの批判を、解散総選挙で突破しています。日本の政治のすべてを、田中一人の横暴で決めていました。

こうした田中の個利個略で、前首相の鈴木善幸が田中派の番頭である大幹部二階堂進を擁立して中曽根首相を引きずり降ろそうとして蹴散らされ、のちに金丸信が竹下登を担いで田中派を乗っ取る話につながっていきます。

なぜ竹下登のクーデターが衆議院から始まったか

首相の中曽根康弘の目線に立つと、田中派におんぶにだっこです。

総理大臣になるときの総裁選で勝てたのも田中派の力でした。角栄は田中派内の反中曽根の声を鶴の一声で説得し、総理大臣にしてくれました。田中角栄の個利個略で解散に追い込まれ総選挙で敗れて連立政権樹立に追い込まれても、田中派が支援してくれる限り誰も中曽根内閣を引きずり降ろせません。鈴木善幸を怒らせて二階堂擁立劇で引きずり降ろされそうになったときも、田中派の金丸信が鎮圧してくれました。中曽根から見れば、田中派の力がなければ政権がもちません。中曽根には政権担当能力がないのです。しかし、中曽根にとってはその田中派の領袖が田中角栄である必然性はどこにもないどころか、むしろ眼の上の瘤《こぶ》でした。

中曽根もしたたかです。この構造をひっくり返すにはどうすればいいかと考え、実行しました。田中派を乗っ取れる政治家を育てたのです。そんなことができるのは誰かと見渡して、その意志と能力があるのは竹下登だと確信し、中曽根は自分が政権に就いた瞬間から竹下登を大蔵大臣に据え続けます。大蔵大臣は政府の筆頭閣僚であり、政府の要です。大蔵大臣の地位に就いた竹下は力をつけます。

ちなみに竹下と金丸は閨閥《けいばつ》です。二階堂擁立劇が潰れ中曽根が再選されたとき、論功行賞で金丸信を幹事長に据えました。当時、「クリープを入れないコーヒーなんて」というＣＭが流行りましたが、「金丸のいない竹下なんて」とも言われました。また、田中角栄の異名は「コンピューター付きブルドーザー」ですが、「コンピューターは竹下、ブルドーザーは金丸が受け継いだ」とも言われました。「姓は竹下、名は金丸という一人の人物」と冗談が言われるほど、二人は一体です。中曽根は、二人が田中派を乗っ取る気満々だったのをわかっていて、重用したのです。金丸は「日本一の中曽根嫌い」を公言していたほどでしたが、最高権力を握るためならと、中曽根に誰よりも忠誠を尽くします。

その竹下・金丸は、十年かけてクーデター計画を立て実行します。田中が首相を引きずり降ろされロッキード事件の被告人となってから、二人はことあるごとに「世代交代」のそぶりを見せますが、そのたびに田中の威光の前に屈していました。

　しかし、昭和五十九（一九八四）年の時点で、竹下は蔵相四期の実力者、金丸は自民党幹事長として派閥や政党を超えた人脈を構築しています。肝心の最大派閥田中派の幹部は、「趣味は田中角栄」の二階堂進を筆頭に田中側近ですが、中堅若手は領袖の田中と距離ができ、竹下・金丸との関係が密接になっていました。それどころか、田中が死んだ息子と同い年で、実の息子のように可愛がっていた小沢一郎その人と、これまた若手の親衛隊長と頼りにしていた梶山静六の二人が、竹下担ぎ出しの張本人となったのです。この二人に加え、橋本龍太郎、小渕恵三、羽田孜、渡部《わたなべ》恒三《こうぞう》、奥田《おくだ》敬和《けいわ》は、のちに「竹下派七奉行」と呼ばれるようになっていきます。全員が角栄子飼いの衆議院議員です。「口が軽い」と誘われなかった渡部と、田中への忠誠心が高すぎると敬遠された奥田以外の五人は、最初の謀議から参加しています。

　竹下は「勉強会」名目で密かに参加者を集め、もう隠し切れない人数になったところで、田中に「勉強会をやりたい」と許可を申し出ます。名前は「創政会」です。田中は最初、本当に勉強会をやるつもりだと考えていたようですが、派閥乗っ取りのクーデターだと知るや、猛然と切り崩しを始めます。創政会の参加希望者は八十五人に達していましたが、一人切り崩され、二人切り崩され、竹下・金丸も防戦に努めます。

田中は国会議員の急所を握っていて、「この人の意向に反せば自分は国会議員ではいられない」と議員が思っている人との関係を日ごろから築いて、その人に説得させる方法を使うのです。某議員が最大支持者の電力会社社長から直接「角さんに逆らう気ですか」と言われれば、創政会への参加は断念せざるを得ません。結果、半分が切り崩され、創政会の結成に集まったのは四十人でした。それでも、自民党総裁選出馬に必要な推薦人五十人に足りないだけで、政界の最大実力者である田中の切り崩しに耐えた竹下は、ニューリーダーとして認知されました。

直後に田中角栄が脳梗塞で倒れます。

田中が病気で倒れなければ竹下のクーデターは失敗したとの仮説を立てる人がいるのですが、逆です。竹下は角栄が毎日ブランデー二本を空けているのを知っているからこそ、クーデターをやっているのです。角さんが倒れてから旗揚げをやったのでは謀反と言われるから、先にやったのだと一応の大義名分が言われても、先にやろうが謀反は謀反です。そんな言い訳にもなっていない言い訳は嘘に決まっていて、それを真に受ける人がいるのが信じられません。竹下は田中角栄が健康問題でもたないと見ているから旗揚げをやったわけであって、角さんが倒れなかったらと考える仮定そのものがおかしいのです。

この過程で、竹下は衆議院主導で田中派乗っ取りを仕掛けました。最初の謀議には、のちの法務大臣の遠藤要《かなめ》や元環境庁長官の梶木《かじき》又三《またぞう》は参加していますが、十四人中十二人が衆議院議員です。

遠藤は宮城県議会議員に七回当選、議長も務めたあとに参議院議員に宮城選挙区から当選。梶木は農水官僚から全国土地開発事業団の組織内候補として全国区で当選。参議院自民党の幹部として頭角を現していました。

梶木は昭和四十五（一九七〇）年、竹下が「佐藤派内田中系」の中堅代議士のときに声をかけて政界に誘った人材です。鈴木内閣では、徳永正利《まさとし》とともに、選挙制度改革で比例代表制度を導入した実務家です（時事通信社政治部『竹下総理「全データ」』時事通信社、一九八七年）。徳永はこの時点では前参議院議長で、当然、田中と近い。

竹下のクーデターを知るや、田中は「俺は佐藤さんが派閥をやめると言ったから田中派をつくったが、竹下はなんだ」と怒り狂ったとか（佐藤昭子『私の田中角栄日記』新潮社、一九九四年、一九五頁）。竹下の田中派乗っ取りは、田中の佐藤派乗っ取りと似て非なるものです。

決定的なのは、衆議院議員は自力で当選できる人は圧力を跳ね返せるけど、参議院でそんな人は幹部くらい。

竹下は参議院にも目配りしていましたが、謀議の性質上、衆議院の掌握に専念せざるを得ませんでした。その衆議院も相当、切り崩されたわけですし、参議院はもっとです。

最終的に百四十一人いた田中派のうち、竹下に対抗した二階堂進がつくった二階堂グループの十四人が角さんに従います。しかし、その十四人のうちの参議院議員三人はのちに二人が宮澤派に移り、最後の一人も二階堂グループが活動を終えるときに竹下派へと移っていきました。田中派参議院議員が四十名いた中で、田中についていったのはたった三人で、しかも最後には田中派を離れました。竹下が勝ったとき、やはり参議院を全部掌握しているわけです。

ただし、これを「参議院など最後は衆議院の流れに乗る」などの歴史認識を持つと、誤りです。そういう歴史認識を持ってしまったのが小沢一郎で、地獄を見るのですが。

死んだふり解散で竹下登の覇権が近づく

田中が政界で過去の人となり、現職首相の中曽根と百十三人の自民党最大派閥を率いる竹下登の思惑は実現しました。

昭和六十一（一九八六）年、この年の夏に参議院選挙が行われることは決まっていました。さらに、中曽根は田中の命令で無理やりやらされた解散総選挙の後処理として、新自由クラブと連立していましたが、さっさと打開したいと考えていました。だから、大勝が見込める衆参同日選挙を狙っていました。これを幹事長の金丸信に進めさせます。

しかし、障害は前年に最高裁から「現在の衆議院の一票の格差は憲法違反である」との判決が下されており、その是正が急務でした。つまり、衆議院では一票の格差が一対四・四に開いていました。田舎の有権者の一票の価値は都会の有権者の一票の四・四倍である、具体的には田舎では三万票で当選できるけれども都会では十万票でも落選するのが問題視されました。

金丸はこの状態を是正するために、衆議院の定数を八増七減する公職選挙法改正案を通しました。これで解散に障害はないはずと思いきや、支持率が高いときに同日選挙をやられたら、野党は大敗します。そこで野党は、「周知期間が必要だ」とのキャンペーンを張ります。

さらに、憲法学者を中心に、「衆参同日選挙違憲論」が唱えられます。福田赳夫までが中曽根憎しで同調します。

最終的に「周知期間は三十日」と決定、野党に呑ませる代わりにいったん中曽根は同日選挙をやらないと宣言します。多くの人々は同日選挙がなくなったと感じたまま、通常国会を閉じました。

しかし突如として臨時国会を召集、衆議院を解散、同日選挙を決定します。本会議も開かれないまま、議長応接室で解散が告げられるのは、空前絶後です。衆議院議長が解散の詔書を読み上げているとき、目の前にいたのは与党の自民党と新自由クラブの議員だけ。野党には事後通告です。「死んだふり解散」と呼ばれました。

結果、自民党は衆参両院で大勝。衆議院では定数五一二中三〇四議席の記録的大勝、参議院でも二五二中一四三議席の過半数を獲得しました。新自由クラブは党を解散、ほとんどの議員は自民党に入党します。

ここまでの記録的大勝に中曽根は総裁三選を目論んでいましたが、金丸幹事長が機先を制して「首相のメリットを認めて、総裁任期一年延長で良いのではないか」と記者会見で発言します。これで流れができ、秋の総裁選は無投票で中曽根の任期一年延長が決まりました。

既に、ポスト中曽根をめぐる駆け引きが始まっていました。中曽根は一日でも長く総理総裁をやって影響力を残したい。金丸は、さっさと竹下内閣をつくりたい。

同日選挙前の四月二十五日に、竹下はいったん創政会を解散します。田中派（正式名称は木曜クラブ）の衆参両院議員に多大な支援をすることで、自派を固めたのです。現職幹事長の金丸と現職蔵相の竹下の誘いに、雪崩現象が起きます。

選挙後に発足した第三次中曽根内閣では、木曜クラブからの入閣は悉く竹下系です。

中曽根本人に乞われて、金丸は無任所の副総理。

後藤田正晴官房長官は、中曽根内閣を通じて閣内にいますから、中曽根の身内のようなものです。後藤田は、田中派分裂に際し、竹下派にも二階堂グループにも与せず、以後は無派閥で過ごします。

田中派内中間派を取りまとめた田村元《はじめ》は通産大臣。竹下側近の橋本龍太郎は中曽根内閣の目玉である行政改革の総仕上げの運輸大臣、若手の綿貫民輔《わたぬきたみすけ》が国土庁長官兼北海道開発庁長官兼沖縄開発庁長官です。二階堂系は稲村利幸《としゆき》環境庁長官のみです。

竹下本人は、自民党幹事長に回ります。

注目は参議院からの入閣で、遠藤要は法務大臣で、斎藤十朗《じゆうろう》が厚生大臣。遠藤は創政会結成の最初から参議院のまとめ役、斎藤はのちに竹下側近として参議院自民党をとりまとめていく将来のエースです。この二人の入閣も論功行賞と考えるのが自然でしょう。

衆議院主導の田中派乗っ取りでも、竹下が参議院を軽視していなかった証拠です。押さえるところは押さえているのです。

竹下の誤算、参院選が日本の政治を左右する時代へ

竹下派が正式名称を経世会として発足したのは、翌昭和六十二（一九八七）年七月四日。徳永正利・遠藤要・梶木又三は、参議院自民党のまとめ役となっていきます。

この年の自民党総裁選は、竹下の他に、安倍晋太郎自民党総務会長と宮澤喜一蔵相が立候補して争われました。百十三人の議員を抱え、数で圧倒的な竹下が後継に選ばれました。

竹下は水も漏らさぬ政権運営で長期政権を築くと思われました。

しかし政界の一寸先は闇。リクルート事件が押し寄せます。「リクルート社の未公開株をもらった」との、今となっては何の話かよくわからない事件が「政界汚染」として連日報道され、ちょうど消費税導入が話題となっていたこともあり、竹下内閣の支持率を一けた台に下げるまでの大事件となります。

その「政界汚染」の対象は、竹下首相、安倍幹事長、宮澤副総理兼蔵相、それに中曽根前

首相と四大派閥の領袖に、安竹宮《あんちくぐう》とともにニューリーダーと目されていた中曽根派の渡辺美《み》智雄《ちお》自民党政調会長、さらに安倍派の森喜朗《よしろう》や宮澤派の加藤紘一《こういち》などネオニューリーダーにまで広がっていました。

下手をすれば紙屑になるかもしれないリクルート社の子会社リクルートコスモスの未公開株をもらったら賄賂だと騒がれたのですが、その後は選挙が終わってみると、誰も話題にしていないぐらいの事件でした。

そんな突発的なリクルート事件で内閣支持率が一〇パーセントを切り、宮澤副総理兼大蔵大臣が辞任に追い込まれる中、竹下が蔵相を兼任しながら消費税を導入しました。

昭和六十三（一九八八）年十二月二十四日、消費税法が成立します。消費税を通したあと、平成元（一九八九）年四月二十五日に退陣表明。五月二十七日に平成元年度の本予算が成立し、六月三日に竹下は辞任します。

なぜ竹下が辞めたかといえば、傷を負う前に一番都合のいい形で辞めようとしたからです。消費税は大蔵省に恩を未来永劫植え付けるために絶対通さなければなりませんでした。次にやらなければいけないのは予算を通すことです。予算は国家の意思なのでこれを通さずに辞めるなどはできません。これ以前には社会党の片山哲《かたやまてつ》首相、のちに日本新党の細川護熙首相がやらかした例はあって、彼らほどの恥知らずでなければ予算は通すわけです。予算を通すのは、これもまた大蔵省に恩を売りつける話です。予算を通さずに辞めれば、まったくあてにならない総理大臣として大蔵省が敵に回ります。

竹下は一年近く不支持率に苦しみました。しかし、誰も竹下内閣を倒せません。

竹下が無敵な理由はいくつかあるのですが、最大の理由は選挙がないからです。

ただでさえ、絶頂期の田中角栄に真っ正面から喧嘩を売って派閥を強奪して首相になった竹下に、誰が喧嘩を売れるのか。リクルート事件で世論が大荒れの中で、消費税を強行採決する首相です。唯一例外で肉薄していたのは、検察だけです。その死闘は、小著『検証　検察庁の近現代史』（光文社新書、二〇一八年）をどうぞ。

しかし、そんな竹下も、選挙は気にするのです。民主政治における政治家の権力の基盤は選挙。参議院選挙が近づいてきたので、余力をこれでもかと残して。検察は竹下内閣を潰すことを狙っていましたが、竹下は内閣総辞職を武器に、より強固な権力を築こうとしていたのです。

そこで、竹下は「政治改革ができる人」という建前で、宇野宗佑《そうすけ》外相を後継に据えます。一部若手（亀井静香ら）が不満を表明しましたが、無視。宇野は中曽根派ながら「本籍地竹下派」の側近。竹下はリクルート旋風が過ぎれば、盟友の安倍晋太郎を首相にしようとしていましたから、中曽根派の宇野を据えることによって、安倍の有力なライバルたりうる渡辺美智雄を押さえつけようとしたのです。

しかし竹下の計算違いは、就任三日で宇野の女性スキャンダルが噴出。自民党批判が余計に強まったことでした。

このとき、野党第一党である日本社会党の委員長は土井たか子。土井は政治改革と消費税反対だけを訴え、〝おたかさんブーム〟が一大旋風を巻き起こします。「社会党の女性候補」というだけで当選する選挙と化しました。
結果、自民党は改選議席のうち、当選は三十六。全体では、二五二議席中一〇九議席。三年前の同日選挙で得た過半数を、一回の選挙で失ってしまいました。

宇野はなすすべもなく、退陣します。

参議院選挙が日本の政治を左右する時代の到来です。

第三章のまとめ

一、衆参同日選挙は自民党に有利といわれながら、日本では慣例化されていない。

二、タイプの違う闇将軍、田中角栄と竹下登は二人とも参議院を掌握していた。

三、田中派乗っ取りは衆議院主導だが、竹下は参議院も見ていた。

第四章

参議院が政治を動かした時代

なぜ野党連合が成立しにくいのか

たった三年前の衆参同日選挙で、自民党は圧勝しました。それを社会党の土井たか子委員長は、平成元（一九八九）年の一回の選挙でひっくり返し、自民党を過半数割れに追い込みました。

参議院選挙の敗北が総理大臣の退陣に直結する時代の到来です。

この状況で政界の闇将軍の竹下登は、宇野宗佑に代わる傀儡《かいらい》として、海部《かいふ》俊樹《としき》を首相に擁立します。自民党幹事長には金丸信の推薦によって、小沢一郎が就きます。海部内閣は、平成二（一九九〇）年の衆議院議員総選挙で、二七五議席の安定過半数を確保しました。二五議席減となりましたが、政権交代の危険性もあった選挙なので、大勝と評価されました。

土井たか子は「非自民」「非共産」を掲げ、公明党・民社党・社会民主連合（社民連）とともに「野党連合」を結成していました。しかし前年の参議院選挙で勝ったのは社会党だけ。社会党こそ二四議席伸ばしましたが、公明は二、民社は三議席減らしています。もともとミニ政党の社民連に至っては、議席が獲得できない惨状です。「反自民」の票が社会党に集まり、他の野党が割を食った状態でした。

平成二年の衆議院選挙でも構図は変わらず、社会党は五三議席増の一三六議席でしたが、公明党は九議席減の四五議席、民社党は一一議席減の一四議席、社民連は横ばいの四議席です。

さて、自民党は衆議院で安定過半数を得ていますが、参議院では過半数割れです。このとき、浜《はま》田《だ》幸一《こういち》、通称ハマコーという良識的な政治家がいて、公明党、民社党に国会運営で協力を仰ぎ法案を通してもらうのだから、公明党に閣僚ポスト二、民社党に一をあげるべきだと主張していました。

ハマコーさんは、「公明党が、憲法第一条の象徴天皇より、創価学会の池田会長を尊敬するという問題をきちんと整理し、つまり、象徴天皇の次に池田先生を尊敬するという体質、体制に変わり、次に自国は自らの手で守るという自衛権をきちんと認めた上で、信仰しながら額に汗して働く者が幸せになる社会、それは自由主義経済しかないという基本的な原則をとるならば、自民党は、公明党から閣僚をとってもいいんじゃないかとさえ思います」と言っています（浜田幸一『不肖ハマコーがゆく　一所懸命に闘い、一所懸命に死ぬ』NESCO、一九九〇年、一七二〜一七三頁）。こんなの当然、竹下は無視。政界の一匹狼の無派閥議員がどんな正論を吐こうが、政界の闇将軍は聞く耳を持ちません。

自民党以外で大臣になるなどあり得ないのが、当時の日本人の固定観念です。第二次中曽根内閣はミニ政党の新自由クラブと連立を組み大臣ポスト一つ（しかも、重要閣僚ではない）を投げ与えましたが、一時的な異常事態です。

そんな時代なので、なぜか公明党と民社党が、国会運営に協力してくれるのです。竹下登は野党を含めてありとあらゆる人間の弱みを握りまくっていたからです。それを示すエピソードは山のようにあるので、今回は省略します。詳しくは、小著『沈鬱の平成政治史』（扶桑社新書、二〇二二年）をどうぞ。そもそも公明党や民社党の立場に立てば、反自民で自分の議席を削って社会党を勝たせるより、自民党に協力して見返りを求めたほうが得です。この時代は大臣ポストを得られないので、その見返りが何だったかは不明ですが。

要するに、衆参ねじれ国会なのに、竹下が押さえ込んでいるのです。参議院選挙で宇野宗佑が退陣したあとに海部俊樹を選んだ首班指名選挙で、参議院は土井たか子を指名する、ねじれが生じました。野党が結束して土井たか子に投票したからです。しかし、海部が総選挙を乗り切ったあとの特別国会では、参議院でも海部が一位でした。社会党以外の野党は、自党の党首に投票したからです。

国会は、竹下主導で「自公民」路線で円滑に進みます。金丸も国会運営に長けていましたので、竹下・金丸の後ろ盾で幹事長の小沢は難なく政権運営をします。竹下・金丸の二人は、社公民三党に広く深い人脈を築いていますが、どちらかといえば金丸は社会党で竹下が公明民社の担当のようなところがありました。二人は若いころから役割分担してきました。

一部のわかっていないメディアや評論家が、金丸と小沢が主流で竹下が非力のような伝え方をしましたが、勘違いでしょう。

ここで、竹下の闇将軍ぶりを象徴する二つのことに触れておきます。

一つは、同じ〝闇将軍〟と称されても、竹下は田中角栄とはまったく違うタイプです。田中角栄は「角栄の悪口を書けば記事が売れる」時代の人でした。そして、角栄はどんなに自分の悪口を書いてもいいから「政界最高実力者」と形容しろと注文を付けました。角栄を「こんな悪逆な金権政治家はいない」と書くのは許すのですが、「実はこいつはショボい」と書くのは許しませんでした。そうやって、自分を称えるようなマスコミをも使って存在感を誇示しなければなりませんでした。それは自民党議員ですらない、刑事被告人だったからです。

それに対して、竹下にはそんな必要はありませんでした。だから、竹下は表には出ず、どんどん奥に潜《もぐ》っていくわけです。

角栄の場合、自分の派閥から総理大臣を出せばそいつに乗っ取られかねないのに、竹下の場合は平気で総理大臣も出せるので、橋本龍太郎、小渕恵三と次々と出していきました。そのときどきに一番都合がいい駒を出しているだけだったのです。

そうした面で違っていても、角栄と竹下には共通点がありました。政財官のあらゆる陳情客が寄ってきて、二人にはそれを捌《さば》く能力があったことです。やはり頭が良くないと、闇将軍はできません。

もう一つは、竹下のやっていた政治手法が、戦前の元老西園寺公望と非常によく似ていたことです。

西園寺公望は別に自分が権力を振るいたいわけではないのに、最後に残った唯一の元老で、次の総理大臣の決定権だけを持っていました。角栄や竹下のように日々の行政を捌くなど一切やらなくても、次の政権にありつきたい人は元老の意向を探りに来るのです。西園寺は訪問客全員に、西園寺を自分の意見で説得できたと思わせて帰すのを得意としながら、一切言質を与えませんでした。竹下もそれに近いところがあります。竹下は元老のように総理大臣より偉い立場で、最高の地位にいる人でそうした手法もあるのでわかりにくいのです。

竹下の存命中は竹下が首を縦に振らないのに最終的に通ったことはほぼありません。小沢一郎も含めて、一時的に通した例はあっても、最終的に竹下の思うがままの政治がここから始まるわけです。

ねじれ国会なのに、自民党以外の政党に大臣ポストを一つも分け与えず言うことを聞かせるのは、今では信じられない事態です。しかし、それで納得させられる、力量がありました。竹下は、野党にもしっかりと見せ場をつくってあげる、達人です。

海部内閣のとき湾岸危機が起こり、そのまま次の宮澤喜一内閣までＰＫＯ法案で揉めました。主に社会党を中心に自衛隊を海外に出していいのか、出すのであれば小銃二丁までなど、軍事合理性とはまったく関係がない、隊員の命を顧みない議論が起きていました。それはそれでマスコミや左派の人たちの支持者の意見が強いので、左派の人たちはそう言わざるを得ません。竹下はそういう人たちに見せ場を用意し、牛歩国会などで演出上は盛り上げながら、かといって自民党の法案が通らないわけではない状況をつくるのです。

なお、竹下の盟友の安倍晋太郎は病に倒れ、総理総裁の座に手が届きませんでした。

竹下派分裂！　天王山は参議院だった

竹下がリクルート事件で退陣したあとの宇野宗佑、海部俊樹、宮澤喜一の各内閣は「竹下派支配」あるいは派閥の正式名称で「経世会支配」といわれています。なぜ、「竹下支配」ではなく、「竹下派支配」「経世会支配」といわれるのか。

悪人顔で強面《こわもて》の金丸や小沢と違い、竹下は好々爺《こうこうや》顔。マフィアでも、本当の大物は好々爺にしか見えないといいますが、それがわからない人が多いということでしょう。

本質的に竹下は角栄と違い、奥に潜ってしまっているため、金丸信や小沢一郎のように毎日テレビに出ている人たちのほうが権力を握っていると勘違いしている人が多いでしょう。

海部俊樹退陣後に経世会が宮澤喜一を後継に決めましたが、経世会会長代行の小沢一郎が宮澤ら三人の総裁候補（他に渡辺美智雄と三塚博《みつづかひろし》）を「面接」する様子が、当時テレビで繰り返し放送されました。「経世会支配」「金竹小《こんちくしょう》支配」といわれても、金丸や小沢のほうが竹下より羽振りが良いとの勘違いが広がりました。

その勘違いをした筆頭が小沢一郎です。

平成四（一九九二）年、金丸信が佐川急便から五億円の闇献金を受領した汚職事件が原因で衆議院議員辞職に追い込まれます。このとき、小沢一郎が反旗を翻します。経世会会長だった金丸信の後継をめぐり、小沢はクーデターを仕掛けました。即座に竹下も反撃します。

このとき、竹下派は百九人。そのうち、衆議院議員は六十七人で、過半数の三十六人が小沢一郎についていきました。「日ごろから中堅若手の衆議院議員の面倒を見ている」が小沢の勝算です。小沢は中曽根内閣で自民党総務局長を務めていた昭和五十八（一九八三）年に、統一地方選挙、参議院選挙、衆議院選挙を経験しています。その後、幹事長として、平成二（一九九〇）年の衆議院議員総選挙を仕切りました。この時点で当選三回以下の竹下派衆議院議員は、何らかの形で小沢の世話になっていました。反小沢系の橋本龍太郎や梶山静六は、小沢系は二十人くらいと考えていたようですが、誤算でした。小沢の囲い込みに、橋本や梶山は手も足も出ませんでした。

小沢は、参議院議員など衆議院議員についてくると、勝手に勘違いしてしまいました。しかし、いざ蓋を開けてみると、三十八人いる参議院議員のうち、小沢についていったのはたった八人でした。このあとの小沢は竹下に、「誠がない」とか、「参議院に手を回して卑劣」など悪態をつきましたが、言えば言うほど負け犬の遠吠えにしかなりません。

これに対して竹下の一言が、「参議院を笑う者は参議院に泣く」です。小沢は「参議院は中立のはずだ」と紳士協定が結ばれていたと勘違いしたのですが、何の拘束力もあるはずがありません。小沢につく奥田敬和が「参院は（衆院の）大勢に従う」と発言したのが、小沢陣営の総意のように伝わり、参議院議員らは態度を硬化させてもいました（大家清二『経世会　死闘の七十日』講談社、一九九五年、一九六頁。本節の細かな議員数などの事実関係も、同著による）。

竹下が田中派乗っ取りクーデターを成功させたとき、衆議院の過半数を奪い合い、最終的に参議院は竹下につきました。おそらく小沢は、この勝因を読み違えたのでしょう。

前章で述べた通り、竹下が派閥乗っ取りを仕掛けたとき、田中角栄の権力には陰りが見えていたとはいえ、まだまだ絶頂期でした。田中の権力の根源は参議院。あっという間に参議院は固めてしまいます。だから竹下は、参議院に目配りしながらも、衆議院から仕掛けざるを得ませんでした。結果、田中の病気で田中派の大勢は竹下に流れ、参議院議員のほとんどすべては竹下派に参加します。この歴史的事実を、小沢は「参院は衆院の大勢に従う」と勘違いしていたとしかいいようがありません。

小沢が竹下派衆議院の過半数を押さえ勝利を確信した瞬間、竹下の反撃が始まります。このときの有能なメッセンジャーボーイが、当選一回の青木幹雄《みきお》でした。青木は早稲田大学の後輩で学生時代から竹下の秘書、以後は地元の島根県議を経て、参議院議員に当選。城代家老にして側用人、のような地位で側近中の側近です。青木が竹下の意向を伝えると、参議院の大勢は反小沢で固まります。

　これまで書いてきたように、衆議院議員は自力で受かっているから造反していても、参議院議員は派閥の領袖に受からせてもらっている、つまり、竹下に受からせてもらっているので逆らいづらいわけです。官僚出身者や業界代表の議員には、役所から圧力をかけさせました。すなわち、衆議院で反小沢の議員はベテランで、いわゆる族議員です。竹下は議員の支持母体を揺さぶったのです。また、地方区選出の議員は一つの県が選挙区で広いので、自派以外の他派閥の代議士の支援も必要です。竹下は、他派閥の領袖である、宮澤喜一首相や渡辺美智雄副総理、早稲田の後輩で子飼いのような三塚博にも根回しして、小沢包囲網を敷いていました。他派閥が親竹下・反小沢である以上、竹下派参議院議員が自分たちを二軍扱いする小沢についていく理由がありません。

　同じ一票であれば、参議院を押さえた者が勝つのです。

　竹下は子飼いの小渕恵三を金丸後継の経世会会長に据えます。反小沢で、衆議院議員三十二人、参議院議員三十四人の、計六十六人の小渕派として発足します。

小沢の竹下派乗っ取りはあえなく失敗、小沢一派は竹下派を出ていくこととなります。小沢は人望のある羽田孜を担いで、羽田派を結成しました。衆議院議員三十五人、参議院議員九人です。

最大派閥の竹下派が分裂、小渕派は党内第四派閥、羽田派は第五派閥に転落しますが、竹下の権力はそれほど落ちません。もともと、竹下派の衆議院の数は他派閥と変わりませんが、参議院議員の数で差をつけていました。それも三年で増やし、最大派閥に返り咲いています。

平成の政治改革で参議院は、まったくの対象外

ロッキード事件で田中角栄が逮捕されたあと、逮捕されたその人物が闇将軍として居座り、取って代わった竹下がリクルート事件をやらかし、さらに金丸信が佐川急便事件で議員辞職したので、田中派、竹下派と最大派閥が日本の政治を牛耳っている汚い金権派閥政治をやめてくれとの声が国民からあがり、政治改革がブームになります。そのブームに最も乗ったのが、田中・金丸・竹下に最も可愛がられた小沢一郎であるのは大いに疑問なのですが、それはさておき。

かといって、野党だって同じ穴のムジナ。自民党と談合していない政党は、革命政党の共産党だけです。公安の監視対象の政党に政権を渡すほど、日本人の良識は失われてはいません。とはいっても、選択肢がない。

そんな状況で新党ブームが起き、熊本県知事を務めた細川護熙が日本新党をつくり、平成四（一九九二）年の参議院選挙でいきなり四議席をとりました。比例区で細川が八位、十九位にニュースキャスターとして「テレビ東京の夜の顔」だった小池百合子《ゆりこ》（現・東京都知事）が当選しています。自民党復調といわれていたそのときの、新党の四議席獲得は一筋の光明のようになり、日本新党はさらに都議選でも躍進します。このときの選挙には松下政経塾の出身者が多く立候補しました。そして衆議院議員選挙では、三五議席の躍進となります。

その中の当選一回の議員に、茂木《もてぎ》敏光《としみつ》現自民党幹事長と枝野《えだの》幸男《ゆきお》元立憲民主党代表がいるのが感慨深い。他に現在の肩書でいうと、野田佳彦元首相、長浜博行《ひろゆき》参議院副議長、海江田《かいえだ》万里《ばんり》元民主党代表、前原誠司《せいじ》国民民主党代表代行、河村たかし名古屋市長ら野党系政治家の重鎮クラスのほか、鴨下《かもした》一郎元環境大臣、伊藤達也元金融担当大臣、山田宏自民党参議院議員（杉並区長）、中田宏自民党参議院議員（横浜市長）らがいます。もっとも、当の細川さんが三十五人の新人代議士を「この中で次の選挙で国会に帰ってこられるのは半分くらいか」

とため息をついていたそうですが、ほとんどの議員は政界で生き残りました。

　日本新党は参議院選、都議選をホップ、ステップにします。このとき、細川率いる日本新党は衆議院に一議席もありませんが、国会の外で政治改革のうねりを起こしています。この動きに小沢は便乗します。

　第二派閥の宮澤首相は第三派閥の渡辺副総理と組み、渡辺の病気辞任後は、後藤田正晴を副総理兼法務大臣に加え、政界に睨《にら》みを利かせます。後藤田は角栄の懐刀《ふところがたな》で、中曽根長期政権の立役者。かつての「官界の天皇」の枠を超え、政界でも尊敬を受ける存在となっていました。そして政治改革を主唱します。

　しかし竹下は派閥を小渕恵三に譲り、その小渕派が第四派閥に転落したとはいえ、権力の中枢を放しません。幹事長に梶山静六を送り込み、小沢包囲網を敷きます。最大派閥の三塚博は政調会長として、竹下の路線に乗っています。

　小沢や羽田は自らへの包囲網が、竹下の号令下にあるとはいえ、宮澤は竹下離れをすると見ていました。政治改革は、その大義名分です。そこで宮澤に政治改革を迫ります。政治改革の主眼は小選挙区制の導入です。選挙制度の変更は議員の政治生命に関わるので、賛成反対の抗争は、命懸けとなりました。

ただし、参議院は政治改革の対象外です。

首相の宮澤は、テレビで二度にわたり「政治改革をやる」と明言しますが、党内が分裂して思うに任せません。そして平成五（一九九三）年六月十八日、通常国会会期末恒例の野党の内閣不信任案が提出されました。これに羽田派が同調するのではないかとの観測が流れますが、幹事長の梶山は「やるならやれ。いっそ踏み絵だ」との態度で接します。

これに羽田派は一人の脱落者を出すこともなく、全員が不信任案に賛成。脱党して、即座に羽田を党首とした新生党を結党します。

武村正義《まさよし》ら若手議員は、不信任案に反対した上で脱党、新党さきがけを結成し、日本新党と同一歩調で選挙に臨みます。

こうして、政治改革をやるべきか否かで、総選挙が行われます。

自民党は羽田派が出ていったあとの数を維持しますが、過半数割れの二二三議席。野党連合は、社会党七〇、新生党五五、公明党五一、民社党一五、社民連四で、合計一九五。一五議席を持つ共産党は独自路線なので、衆議院の定数五一二から一五議席を引いた過半数は二四九。無所属三十人のほか、三五議席の日本新党と一三議席のさきがけの計四八がどうするかで、次の政権が決まります。

ここで小沢は「細川首相」を持ちかけ、一気に決めてしまいます。武村は自民党との連立で「後藤田首相」を考えていたようですが、小沢は「貴方が首相でもいいんですよ」とすら迫ったとか。結果、細川首班で決まります。

ここに「非自民・非共産」の連立政権が成立し、自民党は結党以来三十八年目にして初めて野党に転落しました。

ただし、衆議院の第一党は自民党のままです。それ以上に、連立与党は参議院で過半数を持っていません。これが、実は大きな影を落としたのでした。

政治改革でも参議院が実はカギ

政治改革は三つの内容から成りました。衆議院の選挙制度改革、政治浄化、政党助成金です。小選挙区制を導入するが小政党への救済措置として比例代表制と並立させる。政治浄化のために選挙違反の連座制を強化し、政治資金の管理を厳格化する。その代わり、税金から国民一人当たり年間二五〇円分の政党助成金を負担しようと、派閥金権政治からの脱却が求められました。

連立与党は、政治改革以外にまとまる要素がありません。社会・新生・公明・日本新・民社・さきがけ・社民連の党首は全員が入閣していますから、閣議がそのまま党首会談となります。しかし、新生党代表幹事の小沢は、各党の幹事長級を集めて代表幹事会談を開き、政策を主導します。これでは二重権力です。

小沢は公明民社と組んで政権を仕切り、社会党とさきがけを排除すべく圧力を強めます。細川首相の日本新党と官房長官に就いた武村のさきがけの関係がおかしくなり、細川は小沢に傾斜します。

そして肝心の政治改革法案です。連立与党は小選挙区と比例区を二五〇ずつで、比例区は全国区のみとする案を提出、自民党は小選挙区三〇〇に比例区は各県ごとで計一七一議席とする案で対抗していました。

繰り返しますが、連立与党は衆議院でこそ多数ですが、参議院では過半数を持っておらず、野党自民党が第一党です。しかも、小選挙区制の導入に社会党は反対で、採決では造反が出ました。衆議院はなんとか通過させましたが、参議院では社会党が十七名も造反し、否決に追いやられました。このとき、社会党は自民党の斎藤十朗らの工作に乗っていました（御厨貴『斎藤十朗（元参議院議長）オーラル・ヒストリー』政策研究大学院大学、二〇〇四年、二七二

〜二七六頁）。

ここで細川は、野党第一党の自民党総裁の河野洋平と妥協します。小選挙区は三百、比例代表は二百で地方ごとのブロック制です。大政党の自民党にやや有利な形になりました。

小選挙区制は、一つの選挙区から一人しか当選しませんから、二大政党に有利です。この時点で、自民党は野党ですが最大政党。連立政権を組む諸政党はこの時点でこそ与党ですが、与党第一党の社会党ですら自民党の三分の一の議席しかないのです。もし自民党が政権を獲り返した場合、小政党がバラバラに戦っても勝てません。その意味で、小選挙区制重視は、自民党に有利なのです。

参議院で造反して、かえって自分に不利な選挙制度をもたらした社会党が、実に滑稽でした。ちなみに社会党委員長の山花貞夫《やまはなさだお》は政治改革担当大臣でしたが、総選挙で議席を半減させた責任を取り辞任。後任委員長には村山富市《とみいち》が就きます。村山は国会対策で、梶山のカウンターパート（つまり盟友）です。

しかし、この自民党有利の状況を打破する方法が、一つありました。連立与党が一つの政党に固まるのです。そうなれば一つの選挙区に小政党がバラバラで戦うことはなくなります。仮に細川首相が連立与党を早期に解党、いち早く「新・新党」を結成した上で与党として小選挙区制の総選挙を戦っていたら、自民党は壊滅したかもしれません。事実、野党になった自民党を見切り、離党者が続出していました。小選挙区制での選挙となれば、離党ドミノが加速したかもしれません。

しかし、連立与党の内紛のほうが激化していました。そこに竹下が付け込みます。

細川内閣が衆議院で政治改革法案を通したあと退陣に至った理由は、今回は軽く流します。このころ小沢一郎は連立政権を牛耳ってはいても、衆議院しか見ていませんでした。社会党が七十人もいるのでそれを切り捨てて、代わりに自民党を切り崩して埋めようとしか頭にないのです。自民党を切り崩せばいいのに社会党を切り捨てようとするのがあまりにも早すぎました。そして、その手法すら性急すぎました。

自民党（の竹下の意向を受けた）野中広務《のなかひろむ》によるスキャンダル追及や梶山静六の工作が功を奏し、細川内閣は平成六（一九九四）年四月には退陣してしまいます。予算も通さず。

小沢は即座に羽田孜内閣を樹立。までは良かったのですが……。

このとき、小沢は社会党をはずし、新生党・日本新党・民社党、それに自民党を離党した議員の集まりの改革の会と自由党とで、新会派「改新」を結成します。衆議院百三十人で、社会党の七四議席を上回ります。社会党が首班指名で羽田に投票したにもかかわらず、突如としてこの裏切り。村山は社会党の連立離脱を宣言します。さきがけの武村は「閣外協力」を宣言。来るべき政変でのフリーハンドを確保します。

羽田内閣は、予算だけは通してもらいました。予算は国家の意思です。大蔵省（主計局）がつくった予算を通すから、与党は大蔵省に貸しをつくれる。最強官庁の大蔵省主計局といえども、政治家に予算を通してもらわねばならないのが、憲法政治なのです。こんなこと政治家では常識、蔵相五期で「大蔵族」筆頭の竹下は熟知しています。そして竹下は「カレンダー」、つまり政治日程づくりの達人。

予算が通過するや、自民党の河野総裁は内閣不信任案提出をぶち上げます。小沢は、羽田では勝てないと見るや、解散総選挙で信を問いたいとする羽田に反対。羽田内閣はわずか六十四日での退陣となります。戦後、敗戦時の東《ひがし》久邇宮《くにのみや》稔彦《なるひこ》内閣に次ぐ短さです。ここで小沢には勝算がありました。海部元首相が離党すれば、自民党が崩壊すると。

一方、自民党は社会党の村山委員長に首班指名で投票するようまとめます。長年の宿敵のはずの社会党と組むことに抵抗はありましたが、「与党に戻りたい」で結束します。

海部の離党についてきたのは、たった五名でした。

首班指名選挙では、村山二四一票に海部二二〇、決選投票では村山二六一に海部二一四。

自社さ連立政権が成立しました。

参議院選挙の敗北が村山退陣の引き金に

村山内閣は、事実上の自民党政権でした。自衛隊、日米安保、日の丸、君が代……社会党が野党として反対してきた政策のすべてに、村山内閣は賛成の方針を打ち出しました。自民党に倒閣の理由はなく、政権を支えます。社会党の首班は一時的、いずれ政権は自民党に返ってくると踏んでいるのです。

一方の旧連立与党は、新進党を結成しますが、内紛が激化します。それでも、自民党に対抗する二大政党の一角をつくろうとの努力はなされますが。

平成時代、政治を動かすのは参議院です。平成七（一九九五）年七月の参議院議員通常選挙で政局が動きました。

自民党が改選非改選合わせて一一一議席。社会党は改選一六議席で非改選と合わせて三七議席。さきがけは三。与党は、一五一議席で、過半数の一二七を軽く超えていました。

野党は、新進党が五七。公明党は、衆議院議員とこの年に改選の参議院議員は新進党に合流していましたが、非改選の参議院だけで独自の「公明」を結成していて一一。合わせて六八議席です。

結論からいうと、誰も勝っていません。自民党は単独では過半数を超えていませんから、社会党との連立を続けざるを得ません。社会党は、第二党から第三党へ滑り落ちます。さきがけはミニ政党としては健闘ですが、連立与党内での発言権を得られる数字ではありません。野党のほうは、新進党は公明を足しても百議席に遠く及ばない数字です。他は共産党とミニ政党の乱立です。

このとき、村山首相は副総理兼外相として内閣を支えてくれた河野洋平に政権を譲ろうとしましたが、自民党最大派閥（経世会は平成研究会と改称していた）領袖の小渕恵三が反対。村山内閣は続投となります。同時に自民党の三役も交代。結果、河野から人心が離れました。政権は解散総選挙をやれば強くなり、内閣改造を行えば弱くなるのがセオリーです。

セオリーは絶対ではないのですが、このときはド嵌《は》まりしました。一例をあげますと、昨日まで自分を支えてくれた森喜朗幹事長を三塚博に交代。しかし、三塚派の中心は森なのです。これで三塚派が河野総裁を支えるはずがなく、三塚が支えたくても支えられないのです。その森は、大蔵・外務といった主要閣僚ではなく、一格下の建設大臣。建設大臣は別名「利権閣僚」とも呼ばれ、政治献金が大量に集まるポストですが、幹事長として野党時代の苦しい時代を支えた森に報いるポストかといわれると、格下げは格下げ。森としてはありがたく頂戴しながら、河野の自民党総裁再選にサボタージュする大義名分をもらったようなものです。こんな人事をやれば、大臣を辞めさせられた人と、入閣がかなわなかった人の怨嗟《えんさ》を買います。

九月の自民党総裁選では、小渕派平成研から、橋本龍太郎が立ちました。なぜ会長の小渕ではないのか。派閥のオーナーが竹下であり、政界の闇将軍の竹下が決めたら、それで決まりだからです。竹下最側近の小渕は、親分の意思に従い、派閥をあげて橋本当選に向け邁進します。河野は橋本のチャレンジを受けて立つ立場のはずが、総裁辞任を表明、不戦敗となりました。結果、総裁には橋本が当選。河野外相、橋本通産相の村山内閣での閣僚の椅子はそのままに、副総理だけ河野から橋本に交代になりました。

翌平成八（一九九六）年一月、村山は退陣し、橋本に政権を禅譲します。自社さ連立の枠組みはそのままでした。

仮に村山が土井たか子並みのブームを起こし、参議院選挙で連立与党を大勝させていたらどうでしょう。自民党は村山降ろしがやりにくかったはずです。なぜならば、国会議員が、特に自民党議員が、いついかなるときも最優先させる原則が「自分を当選させてくれる総理大臣でいてほしい」だからです。

勝手に分裂していく野党の中で……

自民党は久しぶりに「我が党内閣」に返り咲きました。第一次橋本内閣は、連立与党の社会党とさきがけに、村山前内閣より大臣ポストを一ずつ増やしてあげました。別れるに決まっているので、餞別のようなものです。

新党さきがけの鳩山由紀夫と菅《かん》直人が中心となって、新党結成に走ります。「鳩菅新党」です。自民・新進の二大政党制の中で、鳩菅の二人は生き残りを模索する議員を集めて、民主党を結成しました。村山や武村など自社さ政権で中心人物だった幹部は排除され、さきがけは解散、社会党は社民党へと変質します。

この動きを待ってあげたかのように、橋本首相は平成八（一九九六）年十月に衆議院を解散します。十月の総選挙の結果は、自民党が二三九で第一党。定数は五〇〇ですから過半数には届きませんが、自民党は久しぶりの単独政権で沸き返ります。大臣も政務次官も他党に分け与えなくて良いのが、うれしくてたまらないのです。

新進党は、一五六議席で第二党ですが、伸び悩みます。民主党は五二議席で、結党時の議席を維持します。この結果が影を落とします。

新進党は、小沢系と反小沢系の対立が後を絶たず、羽田孜や細川護熙は脱党していくので、議席がどんどん目減りします。

何より小沢が悩んだのが、旧公明党及びその支持母体の創価学会との関係です。組織力がある公明党・創価学会を味方につければ、自民党打倒も夢ではありません。しかし、それをやると、公明党・創価学会の言いなりになりかねません。小沢は細川内閣で公明党の市川雄一書記長と「一《いち》・一《いち》ライン」を組んで、非自民・非共産陣営を牛耳ってきましたが、その市川との関係も徐々におかしくなっていきました。小沢と公明党の微妙な距離感は広がるばかりです。

旧公明党の九八年改選予定の参議院議員と地方議員は「公明」を結成、新進党への合流を避け続けます。建前は、「公明党は議員だけでなく職員も多く組織があるので簡単に解党できない」でしたが、参議院選挙を見据えてフリーハンドを確保していたということです。この読みは的中し、公明党は「野党だけ政界再編」をうまく乗り切ることとなります。

新進党の対立は激化、遂には市川が、カメラが回っているのに新進党の両院議員総会で小沢を罵倒、罵り合いの末に小沢が泣き出す場面が映し出されるところにまで至ります。

他にも反小沢派の不満は噴出。

平成九年十一月二十八日には、「公明」は新進党への不参加を決定。十二月十八日には党首選挙が行われ小沢が党首に再選されますが、二十七日には解党を決定。六分裂します。親小沢派は自由党、反小沢派は国民の声、中間派は国民の声、衆議院公明党系は新党平和、参議院公明党系は黎明クラブ、旧民社党系は新党友愛。公明党系以外のほとんどは離合集散の末に民主党に合流していきます。

こうした動きを見ると、公明党が参議院を如何に重視、独自の動きをしていたかがわかります。もともと組織力がある上に、「公明」が新進党に合流せずに受け皿となっています。

結局、新進党が雲散霧消したので、民主党が新進党の残党を次々と吸収合併し、野党第一党になります。

こうした野党の動きに、橋本内閣は余裕綽々《しやくしやく》。平成十（一九九八）年夏に予定される参議院選挙も、難なく楽勝と思われていました。

参議院選挙の敗北で総理大臣のクビが飛ぶ時代

平成十（一九九八）年四月、参議院選挙を前に新しく民主党が結成されます。衆議院議員は九十三人、参議院議員が三十八人の合計百三十一人の国会議員が所属していました。まさかこの政党が大化けするとは……。

そして七月の参議院選挙で、自民党は宇野内閣に次ぐ大敗を喫します。

この年四月は、消費税増税五％が施行されてから一年、景気が劇的に悪化し始めました。バブル崩壊以降の不況が長引き、不良債権処理に手間取るなど、世の中には暗い空気が漂い始めます。悪いことに日銀法が改悪されており、日銀の政府からの独立性が徹底されました。橋本首相や大蔵省が金融政策で打開をしたくても、日銀は非協力的です。そこに大蔵省や日銀幹部に対する度を超えた接待疑惑がスキャンダルとして噴出しています。そこに参議院選挙直前に橋本首相が景気対策で減税するのか否かの発言がブレた。

以上が、理由として説明されるのですが、後付けでしょう。当時、「経済が悪いから自民党が選挙に負ける」と説明した人を、少なくとも私は知りません。

火事は最初の五分間、選挙は最後の五分間といわれますが、橋本自民党が油断したとしか言いようがありません。

数字を見れば明らかなように、自民党が負けただけで、野党が勝ったわけではありません。自民党が減らした分、民主党と共産党が伸びています。批判票の受け皿になりました。

とにもかくにも、自民党は過半数百二十六席に二十三席も足りません。橋本首相は敗戦の責任を取り、即座に辞任しました。数だけ見れば民主党が勝ったわけでもなんでもなく単なる健闘ですが、選挙後に内閣総辞職に追い込むのが勝利なら、民主党の勝利です。のちに政権与党となる地歩となります。

誰もが唖然とする、こうした状況を見透かしたかのように振る舞っていたのが、竹下登です。

橋本内閣を通じて、連立の相手である（途中からは、あった）社会党やさきがけとの関係を大事にしようとする「自社さ」路線と、元は自民党から分かれた同じ保守の新進党といっそ大連立をも視野に入れた提携を模索する「保保連合」路線が対立していました。前者の代表は加藤紘一幹事長や野中広務幹事長代理で、後者の代表が梶山静六官房長官です。いわば、梶山は竹下派七奉行で表の側近、野中は細川内閣へのスキャンダル追及で台頭した強面の裏の側近。闇将軍の竹下は二つの路線の上に超然としている格好です。

◆第18回参議院議員通常選挙　平成10（1998）年7月12日
第二次橋本改造内閣

党順	党名	非改選議席数	改選議席数	獲得議席数	増減	選挙後議席数合計
1	自民党	59	60	44	−16	103
2	民主党	20	18	27	＋9	47
3	日本共産党	8	6	15	＋9	23
4	公明党	13	11	9	−2	22
5	社民党	8	12	5	−7	13
6	自由党	6	5	6	＋1	12
7	さきがけ	3	0	0	0	3
8	諸派・無所属	9	12	20	8	29

竹下はあらゆる問題で対立する勢力の上に超然と存在し、流れを見極めて最終的な結論を下すことで権力を保持していました。このときも、表向きは「小沢絶対許すまじ」の観測を放置しながら、実際には反小沢の急先鋒である野中に小沢と手を組めと交渉をやらせていました（清水真人『財務省と政治：「最強官庁」の虚像と実像』中公新書、二〇一五年）。あらゆる変化に備えておくのが竹下流です。

そして橋本内閣が負けてしまう参議院選挙の真っ最中に竹下は上海《シャンハイ》にいました。参議院選挙での負けを見越していたとしか思えません。この意味は、前掲の小著『沈鬱の平成政治史』に書いたのでそちらもご覧ください。

とにもかくにも、自民党は参議院で数が足りません。

その前に、橋本のあとの自民党総裁、すなわち総理大臣です。

竹下の意中は、最側近の小渕恵三です。平成研は小渕支持でまとまります。不満な梶山静六は派閥を出ていき総裁選に出馬、全派閥を分裂させて票をかき集める大善戦をしますが、そこまで。多少の波乱はありましたが、小渕内閣が成立しました。

本番はここからです。

公明党を連立内閣へ、ねじれ国会の解消

自民党は参議院で数が足りず、ねじれ国会を解消しなければなりません。

衆議院は「野党だけ政界再編」の余波で、所属する政党がなくなった議員が次々と自民党に入党あるいは復党で、国会運営に支障がありません。問題は参議院なのです。

自民党と公明党が組めばギリギリ過半数ですが、自民党内には公明党・創価学会を激しく攻撃していた議員が少なからずいました。また、宗教政党の公明党と組むのに、アレルギーもありました。自民党の中でも政教分離ができていない政党とは組めないとする反公明党勢力が大勢いたのです。

そこで、先行して小沢自由党との連立を進めようとしたのです。つまり、先に「自自連立」を成立させて、そこに公明党を巻き込む「自自公」で安定した連立政権を組もうとしたのです。

かつて、海部内閣の時期のねじれ国会では、「自民党以外は政権にありつけない」との固定観念があり、公明党と民社党は大臣ポストもらえないのに政権運営に協力していました。しかし、いったん政権の味を知っています。自民党だけが特別ではなくなった時代です。反自民が結束すれば、大臣のクビを飛ばせる。あるいは政権そのものを潰せると知ってしまいました。だから、大臣ポストを与えなければ、政権運営に協力してもらえないのです。

連立交渉が続く間、何が起きたか。

十月には、防衛庁で背任事件が起き、小渕派のプリンスと目された額《ぬか》賀《が》福《ふく》志郎《しろう》防衛庁長官に対する参議院の問責決議案が自民党以外の賛成で可決され、辞任に追い込まれました。参議院の問責決議案には法的拘束力はありませんが、その後も額賀長官が国会に出席したとて、額賀長官の提出する法案は参議院に否決されますし、防衛庁関連の予算や予算関連法案も通りません。参議院としては、「問責した大臣長官を代えない限り、話は聞かない」と、影響力を行使できるのです。海部内閣や宮澤内閣と違い、野党がねじれ国会の意味を知ってしまいました。

この辺りは「空気」としか言いようがありません。理屈があっても、あとになってその理屈はどうでもよくなり、今などは自民党と公明党が一緒にいるのが当たり前になっていますから。

十一月、分裂していた新党平和と黎明クラブが合併、公明党が復活しました（薬師寺克行『公明党』中公新書、二〇一六年、二七二頁）。連立への受け皿です。

年が明けて平成十一（一九九九）年一月、自由党が自民党と連立を組みます。そして十月にようやく公明党の連立参加が実現します。官房長官の野中広務は、「悪魔にひれ伏してでも」と呼びかけました。必死さは伝わるのですが、悪魔呼ばわりされた小沢の心境は如何に……。自由党には自治大臣兼国家公安委員長のポストを明け渡します。辞めさせられたのは、小渕派の西田司《まもる》。野中側近と目されていました。

こういうとき、誰も大臣を渡したくないですが、あえて身内を下げられるのが竹下派の強みです。「次に報いるから」が竹下の信条です。竹下は政治家の「収支計算」が得意で、「前の内閣では我慢してもらったので次の内閣で報いる」のような人事をくりかえしていました（伊藤隆、御厨貴編『政治とは何か――竹下登回顧録』講談社、二〇〇一年）。だから、「竹下さんについていけば、出世できる」と思わせられたのです。

十月、内閣改造の時期に合わせて、公明党を連立内閣に招き入れます。ようやくねじれ国会が解消できました。

竹下政治を象徴する側近、青木幹雄官房長官

自自公連立政権となった小渕内閣の人事の注目は、青木幹雄官房長官です。

それまでも参議院議員の官房長官はいたとはいえ、海部内閣の最初の山下徳夫《やましたとくお》官房長官が女性問題の発覚により就任二週間強で辞めたあとに就任した、女性の参議院議員森山眞弓《まゆみ》だけです。森山は女性なら女性スキャンダルは起きないだろうぐらいの理由でなっただけなので、参議院議員の本格的な官房長官ではありません。選挙が終わったあと、河本派の番頭格の坂本三十次《さかもとみそじ》に長官が代わったところからもうかがえます。

それに比べてこのときの青木幹雄官房長官の登場は、権力構造に異常が起きているのを示しています。

青木はその経歴やエピソードから竹下登の真の側近、裏の側近だとわかります。青木は早

稲田大学の学生時代から竹下の秘書を務め、ついでにいえば竹下がしたのと同じように学生結婚もし、早稲田を中退して秘書になり、地元の島根県議になって、角栄が倒れたあとの最初の衆参同日選挙で地元島根から参議院選挙に受かり、〝バッジを付けた秘書〟として来て、小沢が竹下に造反したときには有能なメッセンジャーボーイとして登場したのは先述した通りです。

竹下登の口癖は「汗は自分でかきましょう。手柄は他人にあげましょう」で、実際に竹下が最初になった政務次官や委員長をやったときも、同期の人たちのなかで全部最後に就きました。ところが自分で「大臣は一番先にしてください」と入閣は同期で一番でした。そんな自分と青木幹雄を比較して青木が閣僚にと言われたときも、それまで政務次官や委員長にと言われたときと同様に自分は一番あとでいいと言ったので、竹下は「僕よりも青木が偉いなと思っているんですよ」と評しています（前掲『政治とは何か　竹下登回顧録』、三十三頁）。

こんな話もあります。のち、橋本派が小泉純一郎に解体されそうになったとき、橋本龍太郎が青木に「なぜあなたと竹下さんがつくった派閥をあなたが潰すのか」と泣き喚いて迫ったときに、青木は「じゃあ、俺が潰していいよな」と言い放ったとか。

普段はほとんどしゃべらないのだけれども、鶴の一声でまとめる人、青木幹雄はそういう人のようです。

　余談ですが、青木幹雄の単独インタビューは皆無に近く、例外は息子に譲る前の参議院選挙に出馬するとき、学生相手に対談するのをホームページに載せる気の迷いを見せましたが、それも今は削除されています。本当の権力だけが大事なのであって、マスコミに出る気などはさらさらなかったのです。

　徹底して表には出ない黒子の青木が表に出てきたのですから、異常事態が起きているわけです。

　また、その少し前には細川内閣を潰すぐらいのときから、やはり竹下の真の側近である野中広務も出てきていました。野中は二十五歳で町会議員に出てから、五十八歳でやっと衆議院議員に上り詰めた苦労人で、町議のときから田中角栄、竹下登、金丸信らと話ができるのが自慢の人でした。

　竹下の本物の側近、裏側近の一号、二号が表に出ていっているのです。野中も青木も、自分のほうが一号と思っていたでしょうが。

　このころの野中は竹下の権力を脅かすのではないかとまでいわれていたところですが、参議院から真の実力者である青木幹雄が出てきたのです。衆議院だけを見ていると確かに野中の力が圧倒的に見えるのですが、参議院には青木幹雄がいます。

裏の側近中の側近の青木が表に出た意味はありました。実は竹下は、平成十一（一九九九）年四月から病気で、入院中だったのです。

竹下登は政界入り以来、多少の躓きはあっても、一度も失脚したことがありません。首相になってから、リクルート事件での政権投げ出しや、小沢一郎の造反による野党転落はあっても、一時的な戦略的撤退であって、一度も権力基盤を手放したことはありません。しかし、病には勝てません。既に表舞台に出ている首相の小渕や前首相の橋本、陣頭指揮を執る実力者の野中、あるいは失脚した元七奉行の梶山。そのいずれでもなく、青木こそ竹下の真の代理人として、竹下の人生最後の局面で、表舞台に躍り出ました。

参議院の力を熟知していた青木幹雄と日本政治の変質

そしてこのころの参議院自民党には、「村上天皇」と呼ばれていた村上正邦《むらかみまさくに》が参議院会長として君臨しています。このころの村上は自民党史上初の、参議院議員の派閥の領袖です。村上はやはり資金集めに長けていて、法案を通す能力も高い実力者です。どうしてそれだけで「村上天皇」と呼ばれるほどの実力者になれるのかというと、はっきり言いますが参議院議員は基本的に無能者の集まりだからです。既に何度か述べましたが、「田舎の養老院代わりの地元ボス」「業界団体の利益代表」「知名度が高いだけのタレント」が大半です。むしろ、佐藤栄作・田中角栄・竹下登は、意図的に従順な議員を再生産し続けたといっても良いくらいです。その代わり、「政局には弱いけど政策通」の議員も多いですが。自力で当選している衆議院議員に比べ、派閥や党の力で当選する参議院議員は統制しやすいのです。だからこそ、出身がどうであれ、優秀な議員がいれば、ドンになれるのです。ちなみに村上は、宗教団体の生長の家の組織内候補です。

のちにその村上に代わって青木が「青木法王」と呼ばれるようになっていきます。

参議院自民党の存在感を示したのが、小渕後継をめぐる談合です。

自由党の小沢一郎党首は、小渕首相に自民自由両党を解散、新党結成を持ちかけていました。公明党の連立参加で、リベラル色の強い野中広務の路線に引きずられるのに対抗し、保守政党を再編しようとしたのですが、小渕は板挟みになってしまいました。その心労が祟ったか……。

平成十二（二〇〇〇）年四月二日、小渕首相は脳梗塞を発症し、そのまま意識がなくなります。急ぎ、後継を決めねばなりません。この一部始終を、有無を言わせず取り仕切ったのが、青木幹雄官房長官です。青木は小渕から内閣総理大臣臨時代理に指名されたと言い張りますが、本当に小渕の病状でそんなことが可能だったのか。当然、記者会見で医師たちは追及されますが、言葉を濁します。病状の説明からはとても指名など不可能のはずですが、そんなことはお構いなしに青木は強引に政局を推し進めます。

そして、森喜朗幹事長、野中広務幹事長代理、亀井静香政調会長、村上正邦参議院自民党会長、そして青木官房長官の五人で、「次の総理は森」と決めてしまいます。

なぜこの五人なのか、誰にも説明がつきません。ただ、首相の小渕が倒れた危機に際し、この五人が決めたことに逆らえる実力者は、他にいませんでした。前首相の橋本、反主流派で派閥の領袖の加藤紘一や山崎拓《たく》は蚊帳の外です。連立与党の公明党には事後通告です。自由党など、論外。小沢は政権を出ていきましたが、与党に残留したい議員は保守党を結成、政権の枠組みは、自公保に変わります。当然、事後通告。

参議院の重要性を象徴するような光景です。青木・野中は最大派閥の小渕派の大幹部、森は第二派閥の森派、村上と亀井は第四派閥の村上・亀井派（村亀派とも呼ばれた）の領袖です。それはともかく、五人組のうち、村上と青木の二人が参議院議員です。今までなら、この種の談合が行われるときは、「参加者全員が衆議院議員」が普通でしたから。参議院は隠然たる勢力から、公然たる実力を示しています。

森内閣では、青木が他派閥ながらそのまま官房長官として留任します。青木は森の早稲田大学雄弁会での先輩。学生時代からの「身内」だからともいわれましたが、この人事はその後の日本を変えます。

日本の政治の中心は、七年八カ月の長期政権を築いた佐藤栄作、首相としてよりも「闇将軍」として長く権勢を振るった田中角栄、竹下登の系譜でした。そうした政治が変質していきます。

森内閣が発足して間もなく小渕前首相が亡くなり、ほどなく竹下登も亡くなります。平成研は「小渕体制で十年」を前提としていましたから、後継者不在で混乱します。青木はことあるごとにパーティーなどで「小渕さんさえ生きていてくれたなら」と嘆息していましたが、本音でしょう。そして、平成研のオーナーの座を放さなかった竹下の死により、跡目争いが勃発します。

ただ、佐藤から田中、田中から竹下の際は、後継者がクーデターで派閥を強奪しましたが、今回は様相が違います。とりあえず平成研の後継会長には前首相の橋本が座りますが、野中と青木の二大実力者が睨み合います。二人は平成研の二大実力者であり、野中は自民党幹事長、青木は官房長官として、それぞれ森内閣の与党と政府のナンバー2の地位にいます。

青木は、内閣改造で官房長官を退くと、参議院自民党幹事長の地位を襲います。村上は平成十三（二〇〇一）年、ＫＳＤ事件（公益法人が数々の政界工作を自由民主党議員に対して展開したとされる汚職事件）で失脚します。参議院に青木の敵はいなくなり、いつしか「ミキオハウス」と呼ばれるようになります。

青木は参議院を二軍だとは思っておらず、時の首相に対してすら拒否権を行使できる牙城だと見做していました。

参議院を制する者は、日本を制す。

この法則を、小泉純一郎も熟知していました。

第四章のまとめ

一、平成二（一九九〇）年以降、参議院選挙の敗北が内閣総辞職に直結する時代が到来した。

二、竹下派分裂による政争のカギは、参議院が握った。

三、平成十（一九九八）年参議院議員通常選挙以降のねじれ国会で、参議院の重要性が高まった。

第五章

拒否権集団が内閣を短命に

派閥政治家の小泉純一郎は、参議院の重要性を熟知していた

平成十二（二〇〇〇）年に森喜朗内閣が成立してから、政権運営は常に不安定でした。ただし、闇将軍として隠然たる権力を振るった竹下登の死により、その跡目をめぐる暗闘は始まっていました。

前の小渕恵三内閣以来、加藤紘一と山崎拓は反主流派に追いやられています。そして加藤は加藤派と山崎派を巻き込んで、「加藤の乱」を起こします。野党の提出する内閣不信任案に同調、森内閣を総辞職に追い込もうとしたのですが、失敗。むしろ加藤派は四分の三が領袖の加藤を見捨て、古賀誠が堀内光雄元通産相を担ぎ堀内派を結成する始末です。

森は同年十一月の加藤の乱のあとに、内閣改造を行いました。そのころの自民党勢力図です。

最大派閥は、橋本派。領袖は橋本龍太郎元首相ですが、実質的オーナーだった竹下や派閥の前会長の小渕恵三が死去したので、とりあえずの飾り。実権は、派閥事務総長の野中広務と参議院自民党幹事長の青木幹雄が奪い合っています。

第二派閥は、森派。総理大臣や閣僚は派閥を離脱するのが慣例なので、派閥会長は小泉純

一郎元厚生大臣です。支持率低迷にあえぐ首相の森と真逆で、マスコミの寵児で世論人気の高い小泉待望論は沸々と湧き上がっていましたが、難しいとするのが専門家の見立てでした。なぜなら小泉は郵政民営化が持論で、自民党の強力な支持団体である全国特定郵便局長会（現全国郵便局長会）を敵に回していたからです。

第三派閥は、堀内派。派閥の会長は堀内ですが、最大実力者は加藤の乱で加藤派を潰した功績で自民党幹事長になっていた古賀だと思われていました。古賀を幹事長にしたのは、森というより、野中でした。

第四派閥は、江藤亀井派。亀井静香元政調会長は参議院の実力者の村上正邦と「村亀派」を組んでいました。村上の失脚後は、長老の江藤隆美《たかみ》元農水相が代わりに領袖となり、「江亀派」を結成しています。

以下、山崎派・高村派・加藤派・河野派と続きますが、いずれも小派閥。高村正彦《こうむらまさひこ》や河野洋平の下にいる麻生太郎は総裁候補と目されていました。

最大派閥を率いたも同然の野中は古賀と組み、自民党を牛耳っていました。これに対し小泉は、反撃の姿勢を整えていました。

森は小泉の準備ができたところで、総辞職を選びます。平成十三（二〇〇一）年三月、夏の参議院選挙が迫っていました。最終的に小泉が勝つのですが、ここで世に流布しているストーリーは大嘘です。

曰く、小泉は「田中～竹下～橋本」と続く系譜による派閥政治を打破すべく、自らは森派会長を辞任、無派閥となって総裁選で橋本に挑戦した。国民的人気は高いが無派閥議員にすぎない田中真紀子と組んで全国行脚、津々浦々で街頭には熱狂的な大観衆が集まり、その世論人気の高さを見せつけた。自民党員は世論に敏感だ。国民的人気の高い小泉を総裁選で負かせば、目の前に迫った参議院選挙で大敗してしまうかもしれない。自民党の党員たちは小泉に投票、圧倒的な人気は国会議員にも波及し、大方の予想を覆し、小泉が地滑り的勝利を収めた、と。

表層的な現象だけをとらえれば、こうなります。当時のワイドショーやニュース番組では、こういう報道一色でした。

では、実際はどうだったか。小泉純一郎こそ、派閥政治家です。そして有能な自民党派閥政治家だった小泉は参議院の重要性を熟知していました。

ポスト森を決める自民党総裁選に立候補したのは、橋本・小泉・亀井・麻生の四人です。橋本陣営（野中）の計算です。橋本派に堀内派の六十人を足せば百六十人。世間の大本命は百人の派閥を擁する橋本で、対抗の小泉に勝ち目がないとの雰囲気をつくり、雪崩現象を起こさせる。しかし、うまくいきません。

自民党の派閥は領袖を総理総裁にするために集まった集団です。領袖が総裁選に出馬しないとなると、他派閥の草刈り場になります。亀井は派閥の結束を固めるためにも出馬しますし、高村・河野の両派は草刈り場にさせないために、麻生太郎を両派の統一候補とします。

この時点で、形勢は大きく小泉に振れています。実は野中は自ら出馬し、総理総裁になりたかったのですが、青木に阻止されました。野中がマスコミに「自分の出馬は二〇〇パーセントない」との表現で待望論を煽ると、即座に青木が「三〇〇パーセントない」と上書きする。野中が「三〇〇パーセントとは言っていない」と血相を変えると、青木は「毎朝、体操をして総裁選に備えている」と挑発する。要するに、「お前は総理になりたがっているようだが、応援しないし、総理にならせない」との意思表示です。野中は自分が総裁選に出ても派閥が分裂するだけですから、会長の橋本を立てざるを得なかったのです。

小泉は、反主流派としてくすぶっていた加藤・山崎に手を差し伸べ、「ＹＫＫトリオ」の結束を宣言します。三派が組めば百人。橋本派と互角です。さらに小泉は、橋本・堀内両派を分断にいきます。小泉の全国遊説により国民的人気が高いことを察した堀内は橋本支持をとりやめます。堀内派は、橋本支持の古賀と小泉支持の堀内に分裂しました。

そしてトドメが青木幹雄の動きです。野中こそ橋本当選に向けて必死でしたが、参議院橋本派は青木の指令でサボタージュです。こうした姿勢は衆議院橋本派にも波及、反野中の村岡兼造《かねぞう》らは親小泉で動きます。野中にできたのは、橋本に途中で立候補取りやめにさせないことだけでした。

小泉は自民党総裁選に当選します。国民的人気を背景にしたのは確かです。しかし、自民党総裁選は、国民的人気だけでは勝てませんし、過去の総裁選では国民的人気の高い候補は議員人気がないのが常でした。それをひっくり返したのは、小泉の派閥政治です。小泉は大臣経験が少なく、党幹部の経験に至ってはゼロ。しかし、所属する派閥は完全に固めていました。福田赳夫、安倍晋太郎、三塚博、森喜朗の歴代領袖に側近として仕え、着実に派閥を固めました。だからこそ森派は一致団結して小泉を支え、小泉自身が派閥を離脱して「脱派閥」を訴えることが可能だったのです。

ここに、佐藤栄作〜田中角栄〜竹下登と続いた最大派閥の系譜は終焉します。

自民党のすべてを敵に回す！　青木幹雄以外

竹下登のあとを襲い、「新闇将軍」、あるいは総理大臣を射程に入れていると思われた野中広務の最後は悲惨でした。

総裁選の最中、麻生太郎が麻生派の派閥の会合で、「野中やらＡやらＢは部落の人間だ。だからあんなのが総理になってどうするんだい。ワッハッハッハ」と揶揄した話が伝わりました（坪井ゆづる「麻生首相　差別発言はあったのか、なかったのか」『朝日新聞』二〇〇九年六月二十日付朝刊〈政治コラム　政態拝見〉）。大失言です。野中の権力が絶頂だったころなら、麻生は間違いなく潰されていたでしょう。しかし、この総裁選のあと、野中は二度と日の当たる役職に就くことはありませんでした。一方の麻生は小泉内閣の五年間を通じて党幹部か大臣として重用され、総理総裁への地歩を固めます。

勢いがあるときは、多少の失敗はかき消されるもの。他にも田中真紀子が小渕元首相のことを「おだぶつさん」とおちょくりました。普段だったら総裁選の流れを変えかねない大失言です。そういう麻生や真紀子の大失言が流されてしまうほど、当時の小泉陣営には勢いがありました。

野中の権力の源は、最大派閥の大幹部であることです。その最大派閥の橋本派が分裂したのです。こともあろうに、青木幹雄は小泉を勝たせました。さすがに自分の派閥の領袖である橋本が出馬しているので表立って反対はしませんが、総裁選でまったく動かず、小泉に対して事実上の好意的中立を保ちました。

小泉は世論だけでなく、青木の支持を取り付けていました。俗に「青木率」という言葉があります。内閣支持率と与党支持率の合計が一〇〇を切ると、政権はレームダックになるとの法則です。しかしこんなこと、本当に青木が言ったのでしょうか。内閣支持率と与党支持率（この場合は自民党の政党支持率）は比例します。

自民党の歴史を考えると、内閣支持率と党内支持率の合計でしょう。たとえば、三木武夫は党内の七割を敵に回しながら、世論の支持を背景に三木降ろしを蹴散らし続けました。しかし、三木内閣の支持率は概して四割。党内支持率の三〇と足して七〇です。

これに対して、小泉内閣の支持率は低いときで四〇弱。そして常に党内の六割以上の支持を得ていたので、両者の合計が一〇〇を切ることはありません。

小泉は、安定した権力基盤を背景に長期政権を築きます。小泉内閣は、派閥を片っ端から切り捨てる歴史です。

まず叩きのめしたのが、野中広務と古賀誠。小泉内閣を通じて、反主流派です。総裁選の途中、小泉は亀井静香・江藤隆美と協定を結びました。しかし、江亀派の協力がなくても勝てるとわかるや、組閣の段階で反故。彼らも小泉内閣を通じて反主流派、亀井に至っては自民党を追い出されてしまいます。

盟友だった加藤紘一や山崎拓は自らのスキャンダルで失脚。それでも小泉内閣はビクともしません。

派閥の領袖クラスでこんな感じ。小泉は自らの改革に反対する勢力を「抵抗勢力」と名付けましたが、まるで自民党のすべてを敵に回して戦っているような感がありました。

ただし、青木幹雄を除いて。

理由は簡単で、小泉からすれば青木さえ味方にしておけば、他すべてを敵に回しても怖くないからです。

事実上の総裁派閥である森派は、小泉内閣の間に、橋本派を抜いて最大派閥になりました。橋本派は第二派閥です。橋本派の半数は参議院議員で、青木の傘下にあります。だから第二派閥が結束して小泉に歯向かうことはありません。さらに青木は他派閥も含めて参議院自民党を影響下に置いています。森派（実態は小泉派）と、青木の傘下にある参議院議員は、ざっと二百人。小泉・青木連合に挑戦できる勢力は自民党に存在しないのです。だから小泉派は、野中・古賀・亀井といった強面の連中を「抵抗勢力」と名指しし、「大派閥の包囲網に敢然と立ち向かっている凛々しいリーダー」を自己演出してマスコミも乗ったのですが、なんのことはない。青木幹雄さえ敵に回さなければ、自分のほうが多数派だから、怖くもなんともないのです。

小泉は「派閥の閣僚推薦リストは受け取らない！」と宣言して実行しましたが、参議院の入閣はすべて青木の推薦リストに基づいて行いました。

ちなみに、小泉首相は郵政民営化法案でも、参議院の意向で修正に応じています。

小泉内閣の時代、民主党は善戦していた

小泉内閣は平成十七（二〇〇五）年九月の郵政総選挙の印象が強いのか、選挙では全部勝っているイメージがあるのですが、四回行った選挙で実は三勝一敗です。

そもそもなぜ森首相のクビが飛んだのかといえば、平成十三（二〇〇一）年七月に第十九回参議院議員通常選挙が迫っていたからなのです。

◆第19回参議院議員通常選挙　平成13（2001）年7月29日　第一次小泉内閣

党順	党名	非改選議席数	改選議席数	獲得議席数	増減	選挙後議席数合計
1	自民党	47	61	64	＋３	111
2	民主党	33	22	26	＋４	59
3	公明党	10	13	13	0	23
4	日本共産党	15	8	5	－３	20

小泉旋風が吹いたときの選挙だったわりには、選挙後の議席数では自民党は三議席増の一一一議席と、そんなに伸ばしていません。それに対して民主党は四議席増で五九議席に伸びています。

自民党は小泉ブームでこの参議院選には勝ったとはいえ、当時は鳩山由紀夫党代表の民主党は意外と負けていないのです。

小泉はダブル選挙はやらなかったので、二年後の平成十五（二〇〇三）年十一月に第四十三回衆議院議員総選挙をやって、これは勝つには勝ったのですが、この選挙も、それほどの大勝ではありませんでした。むしろ自民党が議席を減らし、民主党が躍進しているほどです。

小泉が大打撃をこうむるのが平成十六（二〇〇四）年七月の第二十回参議院議員通常選挙で、小泉が自分の厚生年金問題で「人生いろいろ」と答弁したときの選挙です。

小泉にとっての二回目の参議院選挙で自民党が一議席減らし

◆第43回衆議院議員総選挙　平成15（2003）年11月9日
第一次小泉内閣　第二次改造内閣

党順	党 名	前回選挙	選挙前議席数	獲 得議席数	増 減
1	自民党	233	247	237	－10
2	民主党	127	137	177	＋40
3	公明党	31	31	34	＋ 3
4	日本共産党	20	20	9	－11
5	社会民主党	19	18	6	－12

て一一五議席になったのに対して、民主党は一二議席増やして八二議席と、着実に躍進しています。

小泉自身は自分が自民党内に敵を抱えていたので、いざとなれば民主党と組む気満々でした。ことあるごとに、民主党に「郵政民営化に賛成するのであれば一緒にやりましょう」と呼びかけていたのは半分本気でした。しかし、民主党の中でそこまで狙っていた人がどれくらいいたか、不明としか言いようがありませんが。

小泉は自民党総裁選で橋本龍太郎に挑んだとき、敗れた場合はＹＫＫをはじめ一部の議員と自民党を離脱して民主党や他の野党と連携する心づもりもあったようです（和田圭・有賀さつき『実況解説！小泉劇場』（ＰＨＰ研究所、二〇〇二年、五十～五十一頁）。もっともそんな話はなかったことになっていますが。

小泉は民主党が伸びるのはある程度許容している人ではありました。

◆第20回参議院議員通常選挙　平成16（2004）年7月11日
第二次小泉内閣

党順	党名	非改選議席数	改選議席数	獲得議席数	増減	選挙後議席数合計
1	自民党	66	50	49	－1	115
2	民主党	32	38	50	＋12	82
3	公明党	13	10	11	＋1	24
4	日本共産党	5	15	4	－11	9

小泉が大打撃を受けても退陣しなくてすんだのは、やはり青木幹雄の影響力が大きく、一回の参議院選挙でねじれ国会にならなかったのが大きな要因でした。つまり、青木幹雄と組んでいれば公明党に媚びなくていいのです。

小泉が自民党総裁再選に臨むとき、野中、古賀の反主流派が青木も巻き込んで、亀井静香を総裁候補に立てて、小泉を引きずり降ろそうとします。その談合にずっと加わっていた青木幹雄が突然、直前になって小泉支持を打ち出したのを、記者がいつものぶら下がり会見で「青木参議院幹事長が小泉総理支持を打ち出しました」と告げると、小泉は一言「頼もしいね」と答えます。それはそうでしょう。青木幹雄が支持にまわった瞬間に亀井、野中たちには勝ち目がなくなるのですから。青木が村岡兼造とともに小泉の推薦人になったので、怒った野中は錯乱したのか、記者会見で「引退する」と宣言し、本当に引退してしまう始末でした。

〝人生いろいろ〟選挙で負けても、まだねじれ国会になるほどの負けではありません。ちなみに、民主党は岡田克也《かつや》代表で勝った選挙です。

小泉は青木とがっちり組んでいる限り、そこまではまだ致命的にならないと思っていました。ねじれ国会を決定的に乗り切ったのは、平成十七（二〇〇五）年九月の郵政選挙で八四議席増の二九六議席を獲得し、公明党の議席と合わせて衆議院の三分の二をとったからです。

このとき、公明党と組んでおけば青木幹雄は要らないのではないかと言われました。これで青木幹雄の影響力がなくなると。なぜならば参議院が何を言おうが三分の二の再可決ができるからと言う人がいました。しかしその三分の二は公明党の三一議席と足しての数字なのです。小泉にしてみれば青木幹雄と公明党のどちらをとるかといえば青木に決まっています。青木と組んでいたほうが公明党に遠慮しなくてすみます。

そもそも、そう言う皆が忘れているのが、「公明党・創価学会は自民党総裁選で一票も持っていない」という歴然たる事実です。

世間は「小泉が青木と戦っていて、青木幹雄も小泉に対する抵抗勢力の一人だ」と、青木に騙されているのです。そう思わせているほうが土壇場での行動に決定的な意味を持たせられるので、最初から小泉べったりと思われるよりも、そうしたイメージを振りまいているほ

◆第44回衆議院議員総選挙　平成17（2005）年9月11日
第二次小泉改造内閣

党順	党名	前回選挙	選挙前議席数	獲得議席数	増減
1	自民党	237	212	296	＋84
2	民主党	177	177	113	－64
3	公明党	34	34	31	－ 3
4	日本共産党	9	9	9	0
5	社会民主党	6	5	7	＋ 2

うが青木にとっては都合がいいのです。

小泉首相から見ると、国政選挙は参議院選で一回負けたのを含めて三勝一敗です。民主党からすれば、郵政選挙で一敗喫したのがあまりにも大きかったのですが、実はそれほど負けてはいないのです。しかも〝人生いろいろ〟選挙には勝って一勝しているので、民主党にとって一勝三敗の中身は、一勝一敗二善戦なのです。負けはしたけれど二つの善戦が民主党政権につながります。

なぜか安倍晋三と青木幹雄は不仲だった

郵政選挙とは、衆議院が可決した郵政民営化法案が参議院で否決されたので、小泉首相が衆議院を解散した選挙です。

衆議院は可決したのに参議院が否決しただけで、衆議院を解散するのはおかしいではないかとの議論がありますが、イギリス憲政史ではその先例があります。
イギリスで貴族院が予算を否決したとき、年に二回庶民院を解散して三回目をやろうとしたときがありました。第二院が喫緊の民意に反するのであれば何回でも民意を示すという理屈です。憲法危機が起きても仕方がないという考えです。妥協を迫り、民意を背景に第二院に反省を促すのは決しておかしくはありません。

こうした手法は、民意を問う喫緊の方法です。

小泉はその先例を知らなかったと言っていますが、仮にもイギリスに留学していたのですから、知っていてもおかしくはないでしょう。

郵政選挙の四年後に自民党が政権を失うなどと誰が予想しただろうという状況において、政権は安倍晋三の手に渡りました。自民党総裁選史上で総理大臣が自分で決めた人に事実上の禅譲ができた唯一の例です。

安倍晋三内閣は小泉よりも強い政権になると思われていました。が、そうはならなかった失敗の一番の原因は、安倍と青木の仲が悪かったことです。安倍晋三本人がどうだったのかはともかく、安倍の側近が青木幹雄を嫌っていたのは間違いありません。

とにもかくにも、首相の安倍晋三と参議院自民党幹事長の青木幹雄の関係が、うまくいきません。安倍政権は、衆議院で三分の二をとっているので、参議院は衆議院で決めた事項を黙って採決しろといった態度なのです。

実際、安倍は第一次内閣のときに様々なことを行っています。教育基本法の改正では教育基本法に教育勅語と同じ内容の一部をシレッと入れ、防衛庁を防衛省に昇格させ、憲法改正の手続きに関する国民投票法などを成立させました。これらは一例です。

こうした態度が、朝日新聞を敵に回します。朝日新聞を中心としたリベラルマスコミが安倍を潰すと確信する格好になりました。そんなところに年金問題のスキャンダルが噴出し、さらに、農水大臣に就けばスキャンダルが出てクビになるという呪いのような出来事が続きました。

安倍政権は大逆風の中で参議院選挙を迎えるとはいえ、衆議院で三分の二をとっていて、参議院で否決されても衆議院で再可決できるから別にいいではないかといった空気なのです。そんな雰囲気なので、橋本内閣のときのように参議院選挙で負ければ退陣などという気配はまったくありません。

これに対して自民党で唯一まともに警鐘を鳴らしていたのが、青木幹雄でした。「三分の二で再可決などは簡単にできるものではないのだ」と苦言を呈します。

何がどう簡単ではないのか。まず、マスコミが敵に回ります。そして、国会は会期で動いているので、五十九日しか残りがないのに、法案が参議院に回って審議未了廃案にされる場合もあるのです。田中角栄は通年国会のように、参議院が審議しないのであれば、一年中国会を開くぞとばかりに、百八十日ぐらい国会を開いていました。そうした対応の仕方があるにはあっても、日本ではそれでは絶対に対抗できないとする野党に同情的な理屈もあり、再可決が簡単にできるような状況ではないのです。

そもそも参議院で審議するための審議時間が短いと真面目にやっていないと批判が出てきます。十分に審議時間をとらず、強行採決を乱発すればするほどマスコミが敵に回って、選挙に勝てなくなります。

そうした状況が取り巻く中で、青木幹雄はこの流れでは選挙に負けるとの判断で「再可決などは簡単ではない」と訴えたわけです。

前述したように、安倍内閣がリベラルを怒らせたところに年金スキャンダルが降ってわいてきた上に、官僚機構を全部敵に回してしまいました。渡辺喜美《よしみ》を行革大臣にするわ、現参議院議員で旧統一教会問題で有名になった井上義行《よしゆき》がノンキャリから首相秘書官になるわ、そして、天下り廃止、特殊法人廃止、キャリア官僚制廃止など、霞が関としては絶対に許せないことを前面に打ち出し、本気で官僚機構改革をやり出したので全官僚機構が敵に回りました。

三分の二の再可決が簡単にできる状況ではないのがわかっていない自民党の驕りと、安倍周辺の参議院軽視と油断が重なって、第一次安倍内閣は選挙に負けるべくして負けたのです。

参議院選挙の敗北で安倍内閣が短命に

青木側近の現職参議院議員の景山俊《しゅん》太《た》郎《ろう》も、島根選挙区で落選してしまいました。島根県は竹下登が衆議院議員で、参議院議員を青木と景山で三年ごとに表裏で選挙をやってどちらもとっていたのに、青木の「裏」の人が落ちてしまったのです。ちなみに参議院は三年ごとに改選なので、自分の三年後に改選する人を「裏」といいます。

また、青木最大の側近である現職参議院幹事長片山虎《とら》之《の》助《すけ》も落選する事態で、目も当てられない大敗です。

このときの重要なポイントは、ねじれ国会になってしまったことです。三年前の平成十六（二〇〇四）年の小泉首相のときの参議院選挙〝人生いろいろ〟選挙で、民主党が勝っていたのがここで効いてきました。安倍内閣の今回の大敗で、参議院では民主党が一〇九議席で第一党になり、第二党の自民党が八三議席、第三党の公明党が二〇議席、両方を足して一〇三議席で、民主党の議席には及びません。

ところが、安倍が衆議院で三分の二をとっているから参議院選で負けても辞めないと居座ってしまったことで、大敗で負った傷を深めてしまいました。このとき、安倍はかねてから悩まされていた難病に指定されている潰瘍《かいよう》性大腸炎の症状が悪化していたようなので、なおさら、ここで辞めておけばよかったのですが。

臨時国会を開いて自分だけが所信表明演説をして辞めてしまったのは本当に最悪でした。所信表明をすれば、当然、野党から質問がなされるのに、野党第一党民主党の小沢一郎の質問の前に退陣してしまったのです。病気を理由に退陣するのであれば、演説せずに辞めればよかったのです。しかも、通常の記者会見で退陣表明をしてしまいました。せめて、病院からの緊急会見の形でしていればよかったのに。安倍本人は総理大臣が不在であるのは安全保障上問題だとかいろいろ理屈を並べていましたが、ならば、参議院選挙に負けたときに辞めたほうがどれだけよかったか、あるいは、無理に所信表明をしないで辞めたほうがよかったのですが、すべては後の祭りでした。

◆第21回参議院議員通常選挙　平成19（2007）年７月29日
第一次安倍内閣

党順	党名	非改選議席数	改選議席数	獲得議席数	増減	選挙後議席数合計
1	民主党	49	32	60	＋28	109
2	自民党	46	64	37	－27	83
3	公明党	11	12	9	－ 3	20
4	日本共産党	4	5	3	－ 2	7

仮に安倍の健康が許しても、参議院がねじれている状態でうまく政権運営ができたとは思えません。のちの福田内閣や麻生内閣がたどったように、やはり短命政権で終わったでしょう。

日銀人事が天王山！　苦し紛れの大連立構想……

安倍晋三が最悪のタイミングで辞めたあと、自民党はワンポイントリリーフに福田康夫《やすお》を起用します。

福田が首相に就任したときが、前回の郵政選挙で選ばれた衆議院議員の任期のちょうど折り返し地点の二年目だったので、次の衆議院選挙が行われるまでに可能な限り自民党の支持率を回復して次の総裁に譲るのが福田の役回りでした。

しかし、福田が一年間やってもまったく支持率は回復しません。理由は景気が悪化しているからです。安倍もいくらスキャンダルがあろうがなかろうが、景気が良ければ選挙に負けていなかったでしょう。また、安倍が負けたのが自民党内の派閥抗争が原因ならば、安倍とはイメージが逆の福田になって支持率が上がってもおかしくありませんでしたが、党勢が回復する見込みはまったくありませんでした。福田はとても大衆受けするようなキャラクターではなかったのです。

決定的だったのは、福田内閣のときに日銀人事が回ってきたことです。

それまでの福井俊彦総裁に代えて、財務省と日銀は副総裁の武藤敏郎《としろう》元財務事務次官を推し立てます。これを福田内閣は国会に提示します。

これに対して民主党は財務省出身の総裁は認めないと否決してしまいます。それでも懲りずに福田政権が半ば意地になって田波耕治《こうじ》元財務事務次官を立てれば、これもまた民主党に否決される始末です。

財務省出身の総裁がなぜダメなのかと問えば、武藤にしても田波にしても主計局中心で、予算編成はやっているけど金融はやっていないからとの理由です。それでは財務官ならどうかと、渡邊博史《ひろし》元財務官を立てましたが、やはり否決されてしまいました。

とにかく民主党は参議院で多数を持っているので、自民党が立てた財務省出身者を日銀総裁にする案は完全敗北してしまいます。かといって、民主党は衆議院で多数を持っているわけではないので日銀総裁は決まりません。国会同意人事である日銀人事は、衆参のどちらかが拒否権を行使すれば決まらないようになっているので、いつまでも決まらないわけです。

福田は法案が通らないと衆議院での再可決を乱発しています。しかし日銀人事という最重要事項では再可決できません。

結局、福田首相はなすすべもないまま、日銀副総裁の白川方明《しらかわまさあき》を民主党が認めて総裁代行にし、総裁空白のまま時が過ぎていきました。とうとう一カ月で自民党のほうが折れ、白川をそのまま総裁にし、その下に財務省の人は入れず、日銀出身の山口廣秀《ひろひで》と学者出身の西村清彦《きよひこ》を副総裁に登用しました。

福田自民党の完敗でした。

参議院の権限の中で、日銀国会同意人事という日本の金融政策、ひいては経済、政治の中枢を握ることに関して、参議院が拒否権を発揮できる、参議院の拒否権の恐ろしさをまざまざと見せつけた大事件だったのです。

そこで福田首相は奇策を出します。民主党と大連立を組もうと小沢一郎代表に呼びかけたのです。

衆議院の多数の自民党と、参議院の多数の小沢の民主党が組めばねじれは解消できるのではないかと。民主党もいずれ政権担当能力をつけるためにここで与党に入ってやるのはよいのではないかと福田が小沢に持ちかけました。ちなみに公開情報では、取り持ったのは現読売新聞グループ本社代表取締役主筆のナベツネこと、渡邉恒雄《つねお》だといわれています。私は真の仕掛け人というか黒幕は小泉だと思っていますが、明確な証拠がないので個人の推理に留めておきます。

しかし大連立構想は、小沢が党内をまとめ切れていないのが原因で、潰《つい》えました。

小沢が大連立の話を党に持ち帰ると、日教組の輿石《こしいし》東《あずま》党代表代行・党参議院議員会長、自治労の高嶋良充《よしみつ》党筆頭副幹事長兼参議院幹事長、のちに法務大臣になった参議院議員の千葉景子《けいこ》党総務委員長など、当時の参議院の民主党幹部からなぜそんな話はその場で蹴ってこないのかとの叱責を受けるありさまで、当時、小沢が参議院に対して権力がない状態なのが露呈し、党内左派の人たち全員から反対されて終わったのです。

大連立を考えた自民党は民主党に拒否権を行使され、民主党代表の小沢は参議院民主党に拒否権を行使されてしまいます。衆議院でどれくらいの多数を持っているのかと指導部ばかりに注目し、参議院の拒否権に注目していなければ日本の政治はまったく見えない典型例です。

拒否権を行使する人というのは、何かやりたいことがあるわけではないので強いと相場が決まっています。

そうした事態が起こっている間も、青木と輿石は仲良く国会運営をやっていたようです。今までの第一党と第二党の立場は逆転しても、その後も関係を続けようとしていました。

参議院が命取りになった鳩山内閣

福田康夫は首相を一年だけ務め、第一次安倍内閣の在職日数三百六十六日に一日短い在職日数三百六十五日で突如として退陣します。自民党内で一番人気がある麻生太郎に代えようというのがその理由で、他にたいして目ぼしい候補もいなかったので、総裁選は麻生太郎が圧勝します。

麻生太郎は自民党内一番人気でも、首相就任当初のころの支持率は四十パーセント台と低く、どの調査でも五十パーセントを超えているのがほぼありません。その反対に不支持率は三十パーセント以上と高く、ここまで人気がないとは思わなかったような数字です。

それでも解散すれば負けが最低限に抑えられたのに、その後もリーマンショックが起きたのを大義名分に居座り続け、有効な景気対策を打てないままにじりじりと支持率だけが下がり続けていきました。

麻生内閣は実に無為無策でした。

小泉純一郎の郵政解散と同じように、麻生太郎も平成二十（二〇〇八）年九月のリーマンショックのときに解散含みで総裁選をやりながら、解散を延期したのは公明党、創価学会がらみです。まだ、このころは公明党、創価学会に遠慮せずとも解散日程が変更できたにもかかわらず延期したのを、麻生太郎本人が日経新聞のインタビューで「当時、解散予定で事を動かしておられましたから、公明党にはえらく迷惑をかけることになると思いましたし……」と語っています[*1]。

公明党に迷惑をかけたとは、どういうことか。創価学会は選挙の時期に「民族大移動」を行います。すなわち、三カ月前に住民票を移すのです。だから、いったん解散、総選挙と決めれば、創価学会は三カ月前から動かなければなりません。そこに頼らなくても自民党は小泉のときは勝ち、さらに小泉は公明党が東京都議選の前後三カ月の総選挙はやめてくれというのを無視しています。麻生首相は、創価学会、公明党の都合を無視したわけです。

それはさておき、麻生首相は白川日銀総裁の政策に同調し、財政だけやれば金融などたい

◆第45回衆議院議員総選挙　平成21（2009）年8月30日
麻生内閣

党順	党名	前回選挙	選挙前議席数	獲得議席数	増減
1	民主党	113	115	308	＋193
2	自民党	296	300	119	−181
3	公明党	31	31	21	− 10
4	日本共産党	9	9	9	0
5	社会民主党	7	7	7	0
6	みんなの党	新党	4	5	＋ 1
7	国民新党	4	4	3	− 1

した効果がないのだからなんとかなるという間違った信念のもとに、日本はリーマンショックに関係がないにもかかわらず、地獄に落ちてしまったのです。

民主党は参議院選挙で勝って白川方明を日銀総裁に押し付け、日本人を地獄に落とすのと同時に自民党に政権交代させる。こんな一連のことを民主党が狙ってやっていたのだとすれば、天才的戦略です。

しかし実際は、民主党は勝ったあとのことを何も考えていなかったのが問題でした。

ちょうど一年延期された格好の衆議院選挙が平成二十一（二〇〇九）年八月に行われ、民主党が小泉純一郎の郵政選挙以上の勝ち方で、三〇八議席と無茶苦茶ともいえる数をとりました。しかし、政権は盤石ではありませんでした。

やはり、カギは参議院です。

民主党は小選挙区制で最大の勝ちを収め驚愕の議員数を

獲得したのに、福島瑞穂《みずほ》の社民党、亀井静香の国民新党の両党と連立を組みました。連立を組む必要などないように思えるのですが、わざわざ第五党の社民党、第七党の国民新党と連立を組んだのは、参議院で数が足りていなかったからです。

そうした理由で連立を組んだがために、一〇議席にも足りない社会民主党の福島瑞穂や、数議席の国民新党の亀井静香に振り回されてしまう構図になっていきます。

福島瑞穂にも亀井静香にもそれぞれに「一丁目一番地」とする政策があり、連立を組んだ結果、それに振り回されることになったのです。

亀井は郵政民営化に反対だったので、民主党政権で郵政民営化をかなり骨抜きにしました。かなり揉めたのですが、それでも亀井たちは大人なのでなんとか妥協できたのです。

それに対して、社民党は民主党以上に政権担当能力がない人たちです。民主党代表鳩山由紀夫が沖縄の米軍普天間《ふてんま》基地の移設をめぐって「最低でも県外」と愚かな発言をしてしまいます。鳩山は日米安保条約と沖縄の地政学的重要性を説明され、「抑止力の意味を知った」などと恥ずかしい発言を残しながらも、路線を現実に合わせて修正します。しかし、福島瑞穂は「絶対に最低でも県外だ」と我を通し、挙句の果てに連立離脱に至ります。

民主党政権に期待値が高かっただけに、あまりにも無残な政権運営は国民の反感を買い、発足当初七十一パーセントはあった支持率があっという間に下がり、一年も経たたない平成二十二（二〇一〇）年五月末の時点では十七パーセントにまで落ち込みました。[*2]

鳩山政権末期になって、党を牛耳る小沢と鳩山総理大臣、そしてなぜか参議院議員の輿石東の三者会談が行われました。衆議院で総理大臣になっている人も、権力を握っている人たちは参議院を無視しては何もできない証拠です。

輿石東は民主党内の青木幹雄のような存在の人です。民主党には次の選挙で再選できるかどうかわからない小沢チルドレンのような人が数多く百人ぐらいいる一方で、旧社会党の議員三十人ぐらいを固めているのが輿石でした。しかもこの三十人は次の選挙で落ちる人ではなく、労働組合が背景で左系の労働組合に固い組織票を持っている、今でも落ちない人たちです。その三十人の中には、左派代表の赤松広隆《ひろたか》衆議院副議長や当時、衆議院議長を務めていた元北海道知事の横路孝弘《よこみちたかひろ》などもいました。

政治家の秘書をやり、秘書から県会議員になって国会議員になったような鉄板の議員三十人と、明日はたぶん落ちるだろうという百人ならば、輿石の固めている三十人のほうが強くて結束力が固いのはいうまでもないでしょう。特に参議院は非常に強いので、輿石抜きに民主党政権は語れません。

ここで輿石東に触れておきましょう。

輿石は山梨県の短大を出たあと、小学校の教員になっています。山梨県はかつて日教組加入率百パーセントといわれたぐらいで、令和二（二〇二〇）年でも九十七・五パーセントと非常に高く、日教組の強いところです。輿石は特にそんな思想などはないのだけれど、日教組に入って活動しているうちに偉くなってしまった人です。輿石は良くいえば現実主義者、はっきりいえばオポチュニストです。特定の思想をゴリ押しする人ではなく、皆の利害調整をし、組織の常識を通す人です。良くいえば妥協の名人で、組織人の調整役。

民主党＝左翼＝日教組の公式を信じている人には驚かれますが、「日教組最大の敵は輿石だ」との逆説があるぐらいの人です。日教組は政権をとったのだから自分たちの空想的な理想を実現したいのですが、輿石はそんなことをすれば権力を失うのがわかっているので、まあまあなあなあで調整するのです。輿石は「産経新聞はそこのところをわかっているのか」と飲み会でぼやいていたそうですが。

輿石のインタビュー記事が産経新聞と夕刊フジzakzakに載っていて、なかなか面白いのでご紹介しましょう。題名からして産経新聞が「日教組と産経新聞…本音で話ができれば好きになる」、zakzakが「ミスリードの責任、朝日どうする?・」「民主はこぴっとしないと」

です[*3]。

やはり参議院が命取りになった菅内閣

話を鳩山内閣末期に戻すと、ポスト鳩山の争いは、幹事長として権力を牛耳った小沢と、反小沢派の対立です。

鳩山内閣は平成二十二（二〇一〇）年六月四日に総辞職し、同日、党代表選が行われます。

小沢は幹部に相当な反感を買っていました。民主党「七奉行」といわれた次の首相を目指す大臣級のリーダーから総スカンです。前原誠司、岡田克也、枝野幸男、玄葉光一郎《げんばこういちろう》、安住《あずみ》淳《じゅん》、野田佳彦、それに彼らより年齢が高くマトメ役の仙谷由人《せんごくよしと》。

小沢は、よくわからない中堅の樽床伸二《たるとこしんじ》衆議院議員を候補に立てて、菅直人《かんなおと》を相手に玉砕です。ちなみに、菅《かん》内閣になってからの代表選で、小沢自身が立ってもやはり負けました。

反小沢派が結集してできたのが菅内閣でした。ここで菅直人に交代したのは、一カ月後の七月十一日に第二十二回参議院議員通常選挙が控えていたのが理由です。

ここまで見てきたように、民主党は平成二十一（二〇〇九）年に衆議院選挙に勝って、平

◆第22回参議院議員通常選挙　平成22（2010）年7月11日
菅直人内閣

党順	党名	非改選議席数	改選議席数	獲得議席数	増減	選挙後議席数合計
1	民主党	62	54	44	−10	106
2	自民党	33	38	51	＋13	84
3	公明党	10	11	9	− 2	19
4	みんなの党	1	0	10	＋10	11

成二十二（二〇一〇）年七月の参議院選挙までに、この年の四月ぐらいから鳩山退陣の流れができていました。やはりここでも参議院選挙が重要になるのです。

民主党が鳩山から菅に代えたのは、かつて自民党が福田から麻生に代えたのと同じで、まさに自民党政治の劣化コピーでした。

さらには、菅首相はよせばいいのに自民党の公約を盗んで「消費税増税」と言ってしまいます。なぜ、増税を言って選挙に勝てると思うのかまったく理解できません。

大敗したにもかかわらず、菅首相は居座ります。首相になって一カ月で参院選で大敗して居座り、その後民主党内閣は次の野田内閣も含めて数カ月に一回の割合で頻繁に内閣改造を行います。内閣を改造しても同じ人ばかりが幹部や大臣になるので、〝メリーゴーランド人事〟などと揶揄されました。人材がいないのは確かです。

このとき菅首相は参議院選挙に負けたためにねじれ国会になるのですが、これまでの自民党の安倍、福田、麻生の三代内閣が苦しんだねじれ国会とは意味が違いました。自民党と違って民主党は衆議院で三分の二を持っていないので、完全なねじれ国会でした。

かつての自民党は、衆議院で公明党と合わせれば三分の二を持っていました。自民党が下野すると、公明党が「連立野党」として自民党についていったので、民主党は衆議院での再可決ができない状態になり、本当にねじれに苦しまなければならない状態に陥りました。

しかし菅直人という人はスキャンダルがあろうが、政権運営に失敗しようが、何があろうが絶対に辞めない、何事にもめげない人でした。

菅首相がスキャンダルを追及されこれで菅内閣は終わりかと思われていたころ、平成二十三（二〇一一）年三月十一日十四時四十六分頃、参議院予算委員会の審議中に東日本大震災が起きます。

ここで、民主党の無能さが露呈します。大抵、こうした大災害が起きると、政権を引きずり降ろそうとする動きは起きません。コロナ禍で自民党を潰そうとか、安倍降ろしが起きなかったように。ところが、菅政権は反感を買うような愚かなことを次から次へとやってしまうのです。ここは菅直人本人が無能だという資質の問題に加えて、参議院が本当にねじれているので何も動かないのです。

そこで菅首相は考えた末に自民党の谷垣禎一《さだかず》総裁に大連立を持ちかけました。これも、自民党の劣化コピーです。

菅首相に大連立を持ちかけられた谷垣自民党総裁は歴代総理に相談に行きます。最後に聞きに行った小泉純一郎が一喝して大連立構想を潰しました。このときの小泉は冴えていて、昔でいう元老のような識見を持った人でした。

谷垣自民党総裁は民主党政権最大の立役者です。自民党が地方選挙を含めて連戦連勝で、片や民主党が次から次へとスキャンダルを起こしてくれているのにまったく攻め切れません。谷垣は民主党が失敗すればするほど、次の選挙を待っていれば放っておいても自分たち自民党に政権が返ってくるという考え方しかしていませんでした。どうせ衆議院選挙は任期が終われば実施されるのだから、無理やり解散に追い込む必要はないと、まったく国民を見捨てている態度なので人気も出ませんでした。しかし民主党があまりにもひどいので、谷垣のひどさがまったく認識されなかったのも問題でした。

それでも一部の熱心すぎる自民党応援団には「谷垣を応援しなければダメだ」といった声もありながら、谷垣はいわゆるネトウヨにさえ人気がありません。民主党が嫌いだから自民党の悪口を言ってはいけないと主張するコアな人以外は谷垣を応援していませんでした。

三月十一日に大震災が起きたときは通常国会の最中で、会期末の六月二日に野党が内閣不信任案を出しました。すると、小沢一郎が造反しそうな動きが出てきたので、菅首相は自分の退陣を条件に小沢に不信任案の否決を頼みます。ところが、小沢に内閣不信任案を否決させておいて、自分は退陣せず、そのまま居座ってしまったのです。

こうした背景もあって、小沢たちを始め反主流派がどんどんと離党していき、さらにまた衆議院での三分の二は遠くなっていき、打つ手がなくなっていきました。

結局、菅内閣は不信任案が提出された三カ月後の平成二十三（二〇一一）年八月三十日に総辞職します。否決されたとはいえ内閣不信任案の提出から退陣まで、なぜ時間がかかったのかといえば、特例公債法を毎年通さなければ赤字国債が出せなかったからです。特に東日本大震災の前後は日本の国家予算の四十パーセント以上が赤字国債だったので、予算は衆議院の優越で通るけれども、赤字国債は参議院で通さなければいけなかったのです。通らなければ予算が執行できません。菅直人は退陣のときの三つの条件として、平成二十三年度の第二次補正予算の成立、特例公債法案の成立を挙げ、あと一つはリベラル理系らしく再生可能エネルギー特別措置法案の成立を挙げていました。

菅直人もねじれ国会で退陣に追いやられました。衆議院の造反よりも、それ以上に参議院のほうが大きかったのです。

結局、民主党が潰れたのも参議院

菅内閣が赤字国債を通すために退陣し、党代表選挙で選出された野田佳彦が首班指名を受け、野田内閣がします。

リベラルの鳩山、菅に対して、民主党内保守派と称される野田内閣になって以前のように官僚ともルーティンが回るようになりました。鳩山、菅の二代の内閣はルーティンすら破壊していたので。

しかし野田は消費税増税に邁進します。このときは、財務事務次官在任三年目に突入していた勝栄《かつえい》二郎《じろう》が日本の政官界を牛耳るような状況で、「直勝内閣」などと言われました。かつての鈴木善幸首相が田中角栄の傀儡で「直角内閣」と呼ばれていたもじりです。さすがに「一国の宰相が官僚の傀儡では」と呆れられましたが。

野田首相は野党の谷垣自民党総裁、山口那津男《なつお》公明党代表を呼びつけて、三人で増税を進めます。

民主党内にも、自民党内にもそれぞれ反乱分子がいました。

野田内閣の消費税増税のときに、一人だけ参議院の重要性に気づいていた人物がいました。

それが小泉純一郎です。

野田内閣が消費税増税を三党合意で進めるとなったときに、小泉は息子の小泉進次郎《しんじろう》に檄を飛ばして突撃させるのです。そのときのセリフが「野党が解散権を握っている状況なんて滅多にない」です。衆議院と参議院で三党合意の消費税法案をひっくり返せば民主党政権をこの瞬間、丸ごと潰せると。

自民党青年局長を務める小泉進次郎ら若手議員が三党合意をした谷垣総裁への不満を「総裁は人がいい。首相にだまされている。今国会中に解散がなければ〝谷垣降ろし〟が始まるだろう」と言います[*4]。

小泉純一郎はこの瞬間、三党合意を潰してしまおう、民主党良識派、自民党良識派、そして、三党合意には入らず反対しているみんなの党、日本維新の会、そして、たちあがれ日本らが結集して潰せると。ではその政界再編の旗頭は誰かといえば、安倍晋三しかいない。そう考えていたのでしょう。

小泉が何を考えていたのかは絶対に本当のことは言わないでしょう。しかし民主党政権ごと、自公連立をやろうとしていた人たちを潰して、政界再編によって安倍内閣をつくる状況を考えていたとしか説明がつきません。

とはいえ、肝心の安倍晋三はその一カ月後の自民党総裁選に出たのを見ればわかるように、政界再編などはこの時点で欠片《かけら》も考えていませんでした。安倍が自民党総裁・総理大臣として実際に政権運営だけしか考えていなかったので、この政界再編の構想は頓挫したのです。

参議院で多数を持っていない総理大臣は無力であり、この瞬間に至っては解散権を野党に握られているのに等しいのです。

郵政法案もそうでしたが、総理大臣が政権の命運をかけた法案が否決されるのは、内閣不信任案と同じなので、そのあとに居座っても何の意味もないわけです。

谷垣自民党総裁が三党合意の増税に賛成したのは、野田首相が「近いうちに解散する」と言ったのが理由だったのですが、野田は増税法案を通したあと、解散するどころかまだ居座りました。その間に自民党総裁選で不出馬に追い込まれた谷垣は哀れ退陣し、代わって総裁に就任した安倍晋三が、野田のその約束を盾に取り、さっさと解散しろと迫りました。

それに対して野田総理は「僕は子供のころから嘘つきと呼ばれたことはないのだ」と驚愕

の理由で解散するのです。総理大臣が本当に解散をやりたいと言ったときに止める方法はないので輿石も横路も民主党は皆反対していましたが、仕方なく解散しました。

それでもこのとき大きかったのは、特例公債法案を毎年ではなく三年に一回通せばいいようにしていたことです。

第二次安倍内閣は参議院選挙で全部勝っているので、この法案が通っていなくても大丈夫ではあったのですが、仮に参議院選挙で負けても三年間は引きずり降ろされない体制になっていました。これは財務省の意向でもあり、それが決して悪いとはいえません。

小泉政権から禅譲された第一次安倍政権から民主党への政権交代が起こり、民主党三代の内閣を経て、第二次安倍政権が誕生するまでは、参議院選挙で日本の政治が動き、参議院が拒否権を一番行使していた時代でした。

第五章のまとめ

一、第一次安倍政権は参議院の青木幹雄とうまくいかなかったのが一番の失敗であった。

二、政権交代が起き民主党政権になっても、小沢一郎が途轍もなく苦労したのが参議院民主党の統制であった。

三、小泉政権後、第二次安倍政権が誕生するまでの時代は、参議院が拒否権を最も行使していた。

第六章

政治の劣化 ──再びカーボンコピーへ

参議院選挙の勝利が、安倍長期政権の秘訣

安倍晋三は自民党総裁選に勝ち、民主党野田政権を解散に追い込み、勝つに決まっていた衆議院選挙に勝ったから総理大臣になりました。

このときの第四十六回衆議院議員総選挙の結果を振り返ると、野田内閣の民主党が絶望的なぐらいの負け方をしています。自民党が公明党と合わせて三百を超える議席を持ったのに対し、民主党は一七三議席も減らして、第二党であるにもかかわらずたったの五七議席です。野党がいないに等しい状態になってしまったのです。

安倍首相はそのあとの都議選に楽勝し、さらにそのあとの平成二十五（二〇一三）年七月の第二十三回参議院議員通常選挙にも勝ったので安定政権を築き、長期政権となりました。参議院選挙に勝つのがいかに大事かを、第一次政権のときの失敗から学習したわけです。

ちなみに、岸田文雄首相もその点は自覚していて、総裁選、衆議院選挙を勝つところまでは当然でも、そのあとの参議院選挙に勝たなければ一人前の総理大臣にはならないと知っていました。

安倍内閣が参議院選挙に勝てたのは平成二十五（二〇一三）年三月に黒田東彦《はるひこ》を日銀総裁

◆**第46回衆議院議員総選挙　平成24（2012）年12月16日**
野田第三次改造内閣

党順	党 名	前回選挙	選挙前議席数	獲 得議席数	増 減
1	自民党	119	118	294	＋176
2	民主党	308	230	57	−173
3	日本維新の会	新党	11	54	＋ 43
4	公明党	21	21	31	＋ 10
5	みんなの党	5	8	18	＋ 10

に送り込み、日銀人事に勝っていたのが大きな要因でした。

しかし、日銀人事を決めるときはまだ参議院で過半数を持っていたわけではなかったので、実はかなり危うい状況でした。そのときは、保守系野党で一番議員数の多いみんなの党をはじめ、日本維新の会、たちあがれ日本、そして舛添《ますぞえ》要一《よういち》の新党改革と、ありとあらゆるところに頭を下げて参議院で日銀人事に勝つ格好になりました。

第二次安倍内閣は、最初の頃は実は薄氷の勝利の連続でした。とはいえ、選挙に勝ち続けた現職の総理大臣は強くなります。参議院選で勝った約三週間後、内閣法制局長官人事に介入する快挙をやっているのがその証拠です。

日銀人事に勝利したあとの、安倍内閣最初の参議院選挙はどうだったでしょうか。自民党一一五議席、公明党二〇議席、合わせて一三五議席に対して、野党第一党の民主党は五九議席で、連立与党は楽々政権運営ができる数になるぐらいは勝ちました。

◆ **第23回参議院議員通常選挙　平成25（2013）年7月21日**
第二次安倍内閣

党順	党名	非改選議席数	改選議席数	獲得議席数	増減	選挙後議席数合計
1	自民党	50	34	65	＋31	115
2	民主党	42	44	17	−27	59
3	公明党	9	10	11	＋ 1	20
4	みんなの党	10	3	8	＋ 5	18

野党が弱すぎるのが、安倍内閣長期政権下での特徴です。

なぜ野党がここまで弱いのかというと、安倍政権の経済政策がそれなりにうまくいっていたからです。

しかし当時の財務省事務次官木下康司《やすし》（平成二十五年六月二十八日～二十六年七月四日）に消費税増税を呑まされてしまいました。消費税増税をやらなければ、もっと強力でレガシーを残せた政権になっていたでしょうに。

日銀人事で勝てば日銀が金融緩和をし、金融緩和をすると株価が上がる。株価が上がるから選挙に勝て、そして野党はお呼びじゃない。選挙に勝てる総裁なので誰も引きずり降ろせない、つまり、自民党に反主流派が成立しない構図ができあがるわけです。

目ぼしい反主流派は石破《いしば》茂《しげる》だけの状態でした。ところが、石破はこの構図がまったくわかっていなかったので、安倍内閣の八年間に何もできないまま弱小派閥で終わってしまいました。

石破派は二十人ぐらいなので、自民党にあっては第六派閥の位置です。第一派閥の安倍派が百人ぐらいで、第二、第三派閥は麻生派、額賀（福志郎）派でそれぞれ五十人ぐらい、第四、第五派閥が岸田派、二階派でそれぞれ四十人ぐらいです。この五大派閥は主流派を組んでいました。石破派が二十人で五大派閥に立ち向かって何ができるかということです。

第二次安倍政権で、参議院の存在価値が急激に落ちていきます。何回やっても自民党が勝つので、参議院に気を遣う必要がありません。また、第一次安倍政権時の青木幹雄のような実力者もいません。

安倍内閣が長く続くのは当たり前でした。基本的に麻生太郎と組んで総裁選に勝ち、途中からは二階俊博《としひろ》をも抱き込みました。この三人が組んでいる限り、自民党の過半数を握っていたわけですから。

長期政権になっただけあって、安倍首相は参議院選挙を三回も行いました。

平成二十八（二〇一六）年七月の安倍内閣にとっては二回目となる参院選が実に驚く内容でした。民進党という党があったのを覚えているでしょうか。民主党の後身です。初代民進党代表は岡田克也でした。野党第一党の民進党が掲げた選挙での目標が「三分の一の議席」です。最初から絶対に勝つ気がないと言っているのと同じです。しかも、その三分の一も達

◆ **第24回参議院議員通常選挙　平成28（2016）年7月10日**
第三次安倍内閣　第一次改造内閣

党順	党名	非改選議席数	改選議席数	獲得議席数	増減	選挙後議席数合計
1	自民党	65	50	56	＋ 6	121
2	民進党	17	47	32	－15	49
3	公明党	11	9	14	＋ 5	25
4	日本共産党	8	3	6	＋ 3	14
5	おおさか維新の会	5	2	7	＋ 5	12
6	日本のこころを大切にする党	3	0	0	0	3
7	社会民主党	1	2	1	－ 1	2
8	生活の党と山本太郎となかまたち	1	2	1	－ 1	2
9	日本を元気にする会	2	1	0	－ 1	2

成できない選挙でした。

三分の一の議席を持つというのは、憲法改正を阻止できることを意味します。かつて野党第一党だった社会党は自民党が衆議院の過半数を欲しいのであればそれはあげるから、その代わり、衆議院でも参議院でもどちらでもいいから三分の一はどちらかでくれとやっていたわけです。このときは、その最低数の三分の一すら維持できない、社会党にも劣る民進党が野党第一党なのです。野党第一党がそのような体《てい》たらくでは、憲法改正ができるに決まっています。

ところが、投票日の数日前に当時官房副長官だった萩生田光一《はぎうだこういち》が「公明党さんは改憲勢力ではない」と発言します。どこまで腰が引けているのかといった態度です。自民党が選挙を公明党にいかに依存しているかの表れです。

参議院で自民党が一二一議席、公明党の二五議席を足して連立与党が一四六議席なのに対して、野党第一党の民進党が四九議席。参議院の定数二四二議席中一〇〇議席近く差があるのに、憲法改正できないとはどれだけ弱体政権だったのか。数を持っているのに弱体とは此《こ》は如何にと首をかしげる不思議な現象でした。

政権担当能力を失う日本の政治家と官僚

これは、自民党が既に政権担当能力を失くしているというひどい状況です。民主党（この時点では民進党）よりマシであればいいと、急にハードルが下がったのでこうなってしまいました。

安倍内閣は一強といわれながら、例外的に強く出られないところが三つあります。一つは内閣法制局です。最初こそ人事に介入したのですが、安保法制以降、特に皇室に関する話は法制局に依存しっ放しなのは小著『検証　内閣法制局の近現代史』（光文社新書、二〇一二年）に書いた通りです。もう一つが財務省。財政を中心とした内政全般は財務省、主に主計局に頼りきりです。そして最後の一つが、選挙の面で依存している公明党です。
安倍政権は官僚機構に対して強いといわれていたのですが、内閣法制局と財務省に対してだけは別だったというわけです。

歴代内閣と財務省との関係は小著『検証　財務省の近現代史』（光文社新書、二〇一二年）には二〇一二年までを書いたので、その続編のような内容になる安倍政権と財務省の関係に関して記しておきます。

安倍首相が初動で平成二十五（二〇一三）年三月に日銀総裁に黒田東彦を押し込んだのは先に書いた通りです。当時アジア開発銀行（Asian Development Bank、ＡＤＢ）総裁だった黒田を日銀総裁にするためには、財務省とアメリカを説得する必要がありました。

このとき、真砂《まなご》靖《やすし》財務事務次官（平成二十四年八月十七日～二十五年六月二十八日）は目立った抵抗の動きは見せていません。サボタージュしようと思えばいくらでもできた局面ですが、財務省が黒田ＡＤＢ総裁の後任に中尾武彦《たけひこ》財務官を出してきています。

またアメリカの説得が必要な理由は、ＡＤＢは国際開発金融機関なのでアメリカと協調していないと中国がとりにくるかもしれないからです。このころ、さすがにまだ債務国だった中国がアジア開発銀行の総裁にはなれないので、黒田を総裁から引き上げても大丈夫だったのですが、アメリカと財務省の両方を説得しなければ、総理大臣でも勝手に黒田を引き抜くことはできなかったのです。現職のＡＤＢ総裁ゆえに日銀総裁就任は無理かとの懸念があったところを、なんとか突破した安倍首相はたいしたものです。

　真砂が財務事務次官の間は特に増税に対する動きがなかったのが、平成二十五（二〇一三）年六月二十八日に木下康司が財務事務次官（～二十六年七月四日）になった瞬間に、安倍首相は完敗してしまいました。

　安倍は木下康司財務事務次官のときに消費税八パーセント増税には完敗しましたが、十パーセント増税は延期しました。安倍は財務省から一年前に一度、増税してもいったん景気は下がるけれどもその後はＶ字回復するとの〝ご説明〟を受けていて、それはウソだったのではないかと、このときは言える立場でした。このときの香川俊介《しゅんすけ》財務事務次官（平成二十六年七月四日～二十七年七月七日、同年八月九日死去）は少し違う意味でも弱い立場にありました。香川はほぼ末期癌だったのです。

　本当は平成二十五（二〇一三）年の消費税八パーセント増税を迫られたときにやっておけばよかったのですが、その代わりこのとき、増税を押し付けてくるのであれば解散総選挙をやると言って実行しました。それが、平成二十六（二〇一四）年の第四十七回衆議院議員総選挙です。

ここで問題だったのは、全野党が増税延期に賛成なのに解散したことです。解散した理由は、創価学会が許してくれなかったからです。

増税延期の信を問う解散は、野党が増税延期に反対なら筋が通ります。ところが、野党が賛成しているのに、本来ならば解散する必要がないわけです。

財務省は香川のあと、田中一穂《かずほ》（平成二十七年七月七日～二十八年六月十七日）、佐藤慎一《しんいち》（平成二十八年六月十七日～二十九年七月五日）、そして福田淳一《じゅんいち》（平成二十九年七月五日～三十年四月二十四日）と弱体事務次官が三代続いたので、安倍内閣は二回目の増税延期もできたのです。

ところが、強い財務事務次官岡本薫明《しげあき》（平成三十年七月二十七日～令和二年七月二十日）の登場で、安倍政権は闘いもせず、いやそれどころか「増税をやり抜きます」などと言い出し、唯々《いい》諾々《だくだく》と消費税を十パーセントに引き上げ、増税してしまいました。

安倍政権は経産省や総務省など弱い役所に対してはいろいろ睨みをきかせていたのですが、内閣法制局と財務省はウチはそんなの関係ないと涼しい顔です。

かくして、平成二十九（二〇一七）年九月に増税延期を掲げて解散し、十月に第四十八回衆議院議員総選挙が行われました。このときの選挙は実は、安倍首相が間違ったことを言って行った衆議院選挙の二回目でした。

最初に安倍首相が間違ったことを言ったのは、平成二十六（二〇一四）年の第四十七回衆議院議員総選挙のときです。安倍首相は「代表なければ課税なし」と言ってしまったのです。「代表なければ課税なし」とは、政府が国民の財産を取り上げて税金を取りたいのであれば、国民の代表である、選挙で選ばれた国会が認めなければダメだ、増税したいのであれば解散総選挙をやれ、との意味なのです。

それを安倍首相は「増税は官僚さまが決めたことで、それを延期するのに国民は同意するか」と逆のことをやってしまいました。しかも二回。増税延期をするためには国政選挙をやらなければいけないと二回もやってしまったのです。非常に愚かで、この時点で民主党政権をとやかく言えないぐらい政権担当能力がありません。

しかし野党が弱すぎるので安倍内閣は長期政権になっただけなのです。その辺は小著『歴史検証　なぜ日本の野党はダメなのか？』（光文社新書、二〇二二年）も併せて読んでいただければと思います。

安倍首相は平成二十八（二〇一六）年には消費税増税の先送りを再度決めて乗り切りまし

たが、翌年平成二十九（二〇一七）年の衆議院選、平成三十（二〇一八）年自民党総裁選、そして令和元（二〇一九）年の参議院選で、三度にわたって「増税をやり抜く」と明言しているのです。

平成二十九（二〇一七）年七月に、福田淳一が財務事務次官に就任したのですが、財務省の〝象徴次官制〟といわれる次官の中でも、史上最弱の財務事務次官と囁かれるほどです。あまりにも弱体だったため、同じ日に主計局長に就任した岡本薫明が実質の事務次官だったようなものでした。その岡本薫明が財務事務次官に就任するのは平成三十（二〇一八）年七月です。

実質事務次官の主計局長岡本薫明が登場した瞬間に、安倍首相は急に財務省と闘うのをやめてしまったわけです。

岡本薫明が出てくる少し前の、平成二十九（二〇一七）年一月に出てきた森友学園問題、三月に出てきた加計《かけ》学園問題を合わせて「モリカケ」と呼ばれる問題がありました。森友学園問題とは、国が森友学園に国有地を払い下げた価格があまりにも安すぎたので安倍首相夫妻の関与があったのではないかとする見方が浮上し、加計学園問題とは学校法人加計学園運営の岡山理科大学の獣医学部新設認可に、官邸の働きかけがあったのではとされた問題です。

岡本薫明が実権を握ってからは安倍は財務省に逆らえなくなっていました。

安倍は法制局に対しては最初だけ喧嘩を売って返り討ちに遭って言いなりになり、財務省に対しては弱い次官のときだけ少し強気に出られただけで、選挙は創価学会に握られていて、三分の二をとっても憲法改正ができません。なんとも情けない話です。

安倍晋三が力を失いつつあったのは、平成三十（二〇一八）年の自民党総裁選に数字となって出ています。安倍、麻生、二階の三派はモリカケに対して結束します。つまり、麻生、二階の二人は安倍を守ると言って、三派が安倍総裁の三選をやると決めたわけです。ついでに岸田文雄はどうしていいかわからないまま主流派にくっついてきました。そこで残った主流派の竹下派は突如として石破茂を支持します。既に平成二十二（二〇一〇）年に議員を引退していた青木幹雄が石破茂の支持を呼びかけたからです。選挙の結果が安倍五百五十三票に対して、石破が二百五十四票でした。安倍はダブルスコアより四十五票多い得票でした。

自民党総裁選で現職総理大臣がダブルスコアプラスαぐらいでの勝利は黄信号一歩手前です。トリプルスコアで勝つのが常なのです。安倍の大叔父佐藤栄作も三木武夫との一騎打ちでは、やはりトリプルスコア以上で勝っています。ダブルスコアだったら黄信号なのが自民党総裁選なのです。たとえば、安倍の祖父岸信介首相は昭和三十四（一九五九）年、抜き打ちでいきなり総裁選を始めたのですが、岸信介の三百二十票に対して、対抗馬の松村謙三《けんぞう》に反主流派の池田勇人と三木武夫がたった三日で百六十六票を集めたところ、これで岸は震撼し、あとは安保法案を通すだけといった状態で政権退陣に追い込まれたのなどはその典型例です。

その後、石破茂が八年間何もしなかったので安倍政権は安泰でしたが、そんな石破すら青木幹雄がついただけで現職総理大臣のダブルスコアさえ脅かす数字になるわけです。そのとき私は日刊ＳＰＡ！に「今回の自民党総裁選は『石破の善戦』というより『青木の勝利』だ」と書きました。[*5] 石破は意味がわかっていないから翌日からは誰からも相手にされずじまいでした。

そんな弱体の安倍が増税を掲げているのに対して、令和元（二〇一九）年七月の第二十五回参議院議員通常選挙で、野党第一党立憲民主党の枝野幸男はマニフェストに「ＬＧＢＴ差別解消法を制定し同性婚を合法化」とＬＧＢＴの権利を掲げて戦うのを、ほとんどの人は認識していません。ここで枝野が真面目にやっていれば、安倍を倒せました。

かつての社会党土井たか子委員長は、自民党が増税をやったから、反消費税で勝ったわけです。枝野は反増税を言わないのが信念です。どうも民主党で政権にいた人は自分たちが増税の三党合意をやったので、その逆は言いたくないようです。

野党がやる気なさすぎて政治そのものの意味がない

与党が増税を掲げているのに、野党が反増税を言わないこの第二十五回参議院議員通常選挙は自民党が一一三議席、公明党が二八議席、それに対して立憲民主党が三二議席です。ところが枝野はこの選挙に勝ったと称しました。理由は野党第一党を維持したからと。

安倍内閣の時点で自民党も政権担当能力を失くしてはいても、野党第一党がこのありさまであまりにもひどすぎるので、自民党は許されている状況です。

選挙が終わって、十月一日に消費税率が八パーセントから十パーセントに引き上げられ、増税が実行されました。

十二月初旬に、中国の武漢市で第一例目の感染者が報告された新型コロナウイルスが、あっという間に世界に広がり、日本でも令和二（二〇二〇）年一月十五日に最初の感染者が確認されました。安倍内閣はコロナ禍でも無能な限りを尽くします。

これだけ参議院選に勝っているのに何もできていないということなのです。

◆ **第25回参議院議員通常選挙　令和元（2019）年7月21日**
第四次安倍内閣　第一次改造内閣

党順	党名	非改選議席数	改選議席数	獲得議席数	増減	選挙後議席数合計
1	自民党	56	66	57	－9	113
2	立憲民主党	15	9	17	＋8	32
3	公明党	14	11	14	＋3	28
4	国民民主党	15	8	6	－2	21
5	日本維新の会	6	7	10	＋3	16
6	日本共産党	6	8	7	－1	13
7	れいわ新選組	0	1	2	＋1	2
8	社会民主党	1	1	1	0	2
9	NHKから国民を守る党	0	0	1	＋1	1

安倍内閣はあまりにも長くなりすぎていました。明治の桂《かつら》太郎首相の通算在職日数を抜くか、昭和の佐藤栄作の連続在職日数を抜くか、佐藤栄作を抜いた時点で安倍首相の在職日数は史上最長かつ連続でも史上最長になるとはいえ、佐藤栄作の記録を抜いた瞬間に安倍首相は退陣表明をしてしまいます。

安倍はこのころになると、総理大臣でいること自体が自己目的化しているような、ひどい政権と化していました。

安倍一強の枠外にいた法制局と財務省は関係がなかったのは先に書いた通りです。しかし警察と経産省は安倍内閣にくっついて、まだおいしい思いをしようとしていました。それ以外の官庁はもともと抵抗する力をまったく持たず、農水省などが何を言おうが知ったことではないので、何かあればクビを飛ばすその一言で終わりです。
検察は安倍内閣にかなり介入されていました。とうとう検察は、安倍内閣が検事総長就任を見据えて、黒川弘務《ひろむ》東京高検検事長の定年を延長させた「黒川騒動」でブチ切れ、安倍内閣と検察の死闘があり、安倍内閣は完敗したわけです。最終的には「週刊文春」が〝文春砲〟で黒川をクビにしたのですが。

安倍は前の年に桂太郎の通算在職日数を抜き、佐藤栄作の連続在職日数の記録も抜くことだから余力を残して辞めようという気になるきっかけが、黒川騒動だったのです。

これが安倍内閣の実態です。

そのとき参議院はあまりにも野党のやる気がなさすぎました。

それでも、安倍政権は青木幹雄の弟子である参議院議員の吉田博美《ひろみ》には気を遣っています。
参議院議員の吉田博美は第三派閥の額賀派でした。第五派閥の二階俊博が第一派閥と第二派閥の安倍、麻生にくっついていったので、額賀派はずっと反主流派ではないけれど準主流派のような、また、第六派閥の石破派ほど冷や飯を食わされているわけではないけれど、なんともうだつのあがらない地位でした。

ちなみに、額賀派の額賀福志郎は派閥の領袖ではあっても一度も総裁選に出られないぐらい人望がない人です。

吉田博美は参議院竹下派を結束して、額賀福志郎に退任を迫るクーデターを起こし、額賀を取り払って、派閥の領袖を竹下登の異母弟竹下亘《わたる》衆議院議員に取り替えました。

吉田はクーデターを起こすときに、額賀派の派閥の総会とまったく同じ時刻に参議院竹下派の議員を全員揃えて自分たちの会合を開いたのです。そして必ず鰻が出る。毎回、鰻だったかどうかはともかく、そういった仕切りができる人なのです。

この吉田が安倍内閣でどんどん出世して、参議院を掌握しているので安倍内閣は安定していた側面もあります。

かつては当たり前だったことができなくなっているのが自民党です。できるのが前提で、昔の自民党の派閥の領袖たちは争っていたのですが、今はできない人が派閥の領袖をやっているのです。今、自民党で派閥として機能しているのは二階派だけではないかといわれていたのが、反主流派になってからはだんだんとそれも怪しくなってきました。

自民党は政権担当能力を相当失くしています。

現代日本政治の憂鬱

安倍晋三の次の菅義偉《すがよしひで》は自民党総裁選をやっただけで、国政選挙は行っていないので参議院の出番はありませんでした。その総裁選も党大会に代わる両院議員総会で、対抗馬として一応派閥の領袖の岸田文雄と石破茂が出たのですが、他の派閥全部が菅について雪崩現象が起きたので特にこれといった大きな動きはありませんでした。

その菅首相を引きずり降ろしてできたのが岸田内閣です。岸田文雄は総裁選挙の勝利者スピーチで、参議院選挙を勝ちぬくと言いました。総裁選に勝ってから一カ月後に任期切れの衆議院選挙があるのが決まっていても、相手が立憲民主党の枝野なら勝てるだろうとの予測から衆議院選挙には言及しなかったのでしょう。そして、実際に衆議院選挙には勝ったのですが。

そのあとの令和四（二〇二二）年七月の第二十六回参議院議員通常選挙を勝って初めて一人前だとの理解をしていたのがわかります。

立憲民主党は代表が枝野幸男から泉健太《いずみけんた》に代わりましたが、謙遜がすぎて「我々はまだいきなり勝てるほど、現実は良くないですから」などと言ってしまっていて、最初から勝ちにきていないので、岸田自民党が勝ちました。

逆に日本維新の会のほうが明確に野党第一党になろうと、あるいは与党になろうという意志はあって、維新だけはこの参議院選で躍進したといわれています。

しかし、参議院では自民党と野党では議席数が違いすぎます。野党はどこも多数を持っていないのが今の参議院の状況です。

現時点では議員数が一桁のれいわ新選組、NHK党、そして参政党に触れておきます。

自民党が政権担当能力を失くしても、他に代われる野党がいないから政治そのものに不信を持っているのが昭和五十一（一九七六）年からで、無党派層や棄権する人が増えています。まともに代われる野党第一党がいない限りは、棄権しようが他の党に入れようが、結局それは自民党を応援しているのと同じことです。棄権するのは自民党を利する行為であり、消極的承認なのです。選挙の結果第一党になった党を応援しているのと同じです。

第三党に投票する場合、その第三党が第二党にならない限りはその時点ではあまり意味がありません。

令和三（二〇二一）年の第四十九回衆議院議員総選挙で日本維新の会や国民民主党が伸びたのや、翌令和四（二〇二二）年の第二十六回参議院議員通常選挙で日本維新の会が伸びた

◆第49回衆議院議員総選挙　令和3（2021）年10月31日
第一次岸田内閣

党順	党 名	前回選挙	選挙前議席数	獲 得議席数	増 減
1	自民党	284	276	261	−15
2	立憲民主党	新党	109	96	−13
3	日本維新の会	11	11	41	+30
4	公明党	29	29	32	+ 3
5	国民民主党	新党	8	11	+ 3
6	日本共産党	12	12	10	− 2
7	れいわ新選組	新党	1	3	+ 2
8	社会民主党	2	1	1	0

のは、第三党に入れたということです。

ところが同じ参議院選で、国民民主党は組織政党なのに現職を二議席落としています。やはり自民党とくっつく姿勢が見えたので、浮動票が逃げたのは否めません。

状況が大きく変わらず、政治などはどうでもいいと思っている中で、諦めない人の受け皿が、れいわ新選組であり、ＮＨＫ党であり、参政党なのです。

れいわ新選組は、既存のリベラル政党に飽き足らない人たちが支持基盤です。

れいわ新選組代表山本太郎は、平成二十八（二〇一六）年の参議院選のときには小沢一郎とくっついて「生活の党と山本太郎となかまたち」という党をつくり、奇抜なことをやっていました。その後、山本太郎は小沢一郎と別れて、一人でれいわをつくったときか

◆ **第26回参議院議員通常選挙　令和4（2022）年7月10日**
第二次岸田内閣

党順	党名	非改選議席数	改選議席数	獲得議席数	増減	選挙後議席数合計
1	自民党	56	55	63	＋ 8	119
2	立憲民主党	22	23	17	− 6	39
3	公明党	14	14	13	− 1	27
4	日本維新の会	9	6	12	＋ 6	21
5	日本共産党	7	6	4	− 2	11
6	国民民主党	5	7	5	− 2	10
7	れいわ新選組	2	0	3	＋ 3	5
8	NHK党	1	0	1	＋ 1	2
9	参政党	0	0	1	＋ 1	1

ら本当にれいわを育てようと地道に活動はしています。

ウクライナ戦争に関して、ロシアによるウクライナ侵略を非難する決議には反対するなど極端な行動もあるものの、経済政策に関してはかなり見るべきところがあります。デフレ下の消費税増税絶対反対などが政策的にしっかりしているのは、ブレーンに共産主義者であってもまともな経済学者である松尾匡《ただす》がついているからでしょう。松尾の言う通りにしているところはまともなのですが、一方でMMT（現代貨幣理論）などのよくわからない考えに引っかかるなどするところもあります。世の中に不満を持っている人は極論が好きな傾向があるので、MMTやウクライナに関しての陰謀論を言う人の支持も原動力になっているのは確かです。

ただ、山本太郎代表は貧しい者の気持ちに訴えかける演説をしています。ミニ政党としては着実に増えてきていて、衆参でそれぞれ議席を持つ政党にはなっています。

ＮＨＫ党は立花孝志《たかし》の党です（原稿執筆時、党名変更と内紛をくり広げていますが）。立花は選挙の天才。本人曰く、根がパチプロでパチンコで食っていた時期もあったと。ＮＨＫの海老沢勝二会長の鞄持ちをしているうちに、ＮＨＫのイヤな部分が見えてきて、ＮＨＫの受信料を払いたくない人が払わなくていい制度を導入したいとの思いから、そのシングルイシューの政党として、かなり型破りなやり方をしつつも党を破綻させずに特定の支持層を拡充させる戦略を採り、市区町村議会でも議員数を伸ばしています。国政では令和元（二〇一九）年の参議院選で一議席をとりました。

令和四（二〇二二）年に新たに登場した政党が参政党です。参政党については日刊ＳＰＡ！に書きました、「参政党はトンデモではない。振り切ったトンデモだ」と。[*6]

街頭演説は自民党岸田総裁よりも人を集めていて、七月八日の安倍晋三の暗殺がなければ、参政党はおそらく三議席ぐらいはとっていた、それぐらいの勢いでした。コロナで自民党政権のグダグダな政策に対して不満な人たちが集まっていて、ワクチン陰謀論、コロナウイルスは波動で治るなどすごい内容を平気で言い、それにまた人が集まるわけです。不満層は極端な主張になびくの法則を、れいわ新選組よりもさらに徹底させていました。

参政党は二つを除いて、私が言った通りのことをやっています。党首はいませんが、参議院に受かった副代表兼事務局長の神谷《かみや》宗幣《そうへい》が実質的な党首で、綱領があり、全国組織をつくってその組織が議員を受からせるというのをやっています。

これまでの議員に個人後援会や圧力団体がくっついてきて、綱領は最後に決めるといったやり方は前近代政党です。その逆で、まず綱領があって、組織があって、そしてその党員が議員を当選させる構造になっているのが近代政党です。

今のところ参政党は近代政党の構造を持っているように見受けられますが、今後は内紛が起きるのも予測され、どうなるかわかりません。

参政党は近代政党の構図に則りながら、さらにＳＮＳを使って拡散する手法を駆使しました。一分以上の長い動画が苦手な人にも、YouTubeのショートやインスタグラムなどの短い動画を使ってすごい勢いで拡散していくのです。インスタグラムには政治系動画がなかったので、参政党の独壇場でした。トランプ前アメリカ大統領のミニチュア版といったところです。トランプは陰謀論を信じている人たちを踏まえて、かなりコアな支持層に働きかけて支持を伸ばしたやり方をしました。参政党もそれと同じです。

参政党が「三つの重点政策」として掲げている政策はターゲットを明確に定めています。「子供の教育」は子育て世代の特に主婦、「食と健康、環境保全」はスピリチュアル系、「国のまもり」は保守層にといった具合です。いつのまにか「新しい国づくり『10の柱』」になっていますが。

一議席、二議席を持っている人たちがちまちまと大喧嘩するところに希望を求める層がいる一方で、大多数の無党派層には希望がない状況です。

そうした背景があって、自民党の支持率は四十パーセントになることは滅多になく、だいたい三十パーセントぐらいです。ところが、他に十パーセントの支持率を超える党がなかなか出てきません。だから、昭和五十一（一九七六）年以降、日本人の最大多数派は無党派層なのです。そこに向けて真っ当な政策を訴える党がないのが現実です。民主党は一時期、それに成功したのですが。

鳩山民主党が勝って第一党になった、平成二十一（二〇〇九）年の第四十五回衆議院議員総選挙では、投票率が六十九・二八パーセントと前回よりも一・七七パーセント上がりました。また、投票した人の数も前回よりも約二百五十万人増えていて、これは有権者の約二・四パーセントにあたります。

有権者の二・四パーセントぐらいが動くだけで政権交代が起こるのですが、やはりそこは気まぐれなので、地道に組織を固めようとする政治になっているのが今の日本の政治です。

これまで見てきたように、自民党が安定政権をつくりたくても、野党が政権交代したくても、参議院を押さえるのが要になるのです。

第六章のまとめ

一、安倍内閣が長期政権になったのは日銀人事に勝ち、参議院で勝ち続けたからである。

二、まともな野党第一党の不在が、与党の政権担当能力を喪失させる。

三、参議院の掌握なしには安定政権を築くことも、政権交代をすることもできない。

おわりに

　これまで、現代政治あるいは関連分野に関し、それなりの数の著作を残し、言論も発信してきた。その私の現代政治の分析に関する特徴として、「参議院をこれほど重視している人はいない」とよく言われる。

　そこで本作を思いついた。

　改めて調べてみると、参議院の通史は、序章その他で多々言及した竹中治堅氏の『参議院とは何か』を除き、限りなく皆無に近い。ここで一冊を残せたことに意義があるのではないかと考える。

　本作では、倉山工房の雨宮美佐さんと光文社の小松現さんにお世話になった。感謝を記して筆を措く。

二〇二三年四月

倉山　満

注釈

＊1　日本経済新聞 YouTube「リーマン破綻で狂った解散戦略　麻生政権の誤算」二〇一六年二月二十九日
https://www.youtube.com/watch?v=_7zUTSjabg

＊2　朝日新聞緊急世論調査、二〇一〇年五月三十日二十二時二十五分
https://www.asahi.com/special/08003/TKY201005300293.html

＊3　ＴＨＥ ＳＡＮＫＥＩ ＮＥＷＳ「輿石東参院副議長『日教組と産経新聞…本音で話ができれば好きになる』」引退議員インタビュー　二〇一六年六月十七日六時十五分
https://www.sankei.com/article/20160617-7M7OI2H4VRKM5PUWLL2GDHH7QQ/
https://www.zakzak.co.jp/society/politics/news/20140916/plt1409160839001-n1.htm?view=pc

＊4　日本経済新聞「自民、谷垣氏再選に影響も」二〇一二年八月八日付
https://www.nikkei.com/article/DGXNASFS08045_Y2A800C1PP8000/

＊5　日刊ＳＰＡ！「今回の自民党総裁選は『石破の善戦』というより『青木の勝利』だ」言論ストロングスタイル、二〇一八年十月八日
https://nikkan-spa.jp/1514836

＊6　日刊ＳＰＡ！「参政党はトンデモではない。振り切ったトンデモだ」倉山満の政局速報、二〇二二年七月十六日
https://nikkan-spa.jp/1843745

本文表作成　デザイン・プレイス・デマンド
目次・章扉・章末デザイン　板倉 洋

倉山満（くらやまみつる）

1973年、香川県生まれ。憲政史研究者。（一社）救国シンクタンク理事長兼所長。'96年、中央大学文学部史学科を卒業後、同大学院博士前期課程を修了。在学中より国士舘大学日本政教研究所非常勤研究員として、2015年まで同大学で日本国憲法を教える。著書に『検証 財務省の近現代史』『検証 検察庁の近現代史』『検証 内閣法制局の近現代史』『歴史検証 なぜ日本の野党はダメなのか？』（以上、光文社新書）、『政争家・三木武夫』（講談社＋α文庫）など多数。現在、「倉山塾」塾長、ネット放送局「チャンネルくらら」を主宰、積極的な言論活動を展開している。

参《さん》議《ぎ》院《いん》

2023年6月30日初版1刷発行

著　者 ── 倉山満
発行者 ── 三宅貴久
装　幀 ── アラン・チャン
印刷所 ── 萩原印刷
製本所 ── ナショナル製本
発行所 ── 株式会社光文社
東京都文京区音羽1-16-6(〒112-8011)
https://www.kobunsha.com/
電　話 ── 編集部03(5395)8289　書籍販売部03(5395)8116
業務部03(5395)8125
メール ── sinsyo@kobunsha.com

落丁本・乱丁本は業務部へご連絡くだされば、お取替えいたします。

ISBN 978-4-334-04666-8

1258
理想の職場マネージメント
一軍監督の仕事
高津臣吾

個性豊かな選手がひとつの方向を向くチームをつくるには？　セ・リーグ連覇、交流戦優勝、ゆとりローテーション、言葉の力——球界に革新を起こす名将が自らのマネージメント手法を語る。

978-4-334-04665-1

1259
参議院
倉山満

参議院を制する者が日本の政治を制する——。参議院とはいかなる存在なのか。誕生の背景から歴代政権のスタンス、そして現代日本政治まで、憲法学、政治学、歴史学の視点で検証。

978-4-334-04666-8

1260
東大生のジレンマ
エリートと最高学府の変容
中村正史

急増する休学者に、急進的な起業志向——保守的なはずの東大で、あえて「レール」を踏み外す学生が増えている理由とは？　激変する東大と東大生の「今」を、当事者たちの声が浮き彫りにする。

978-4-334-04667-5

1261
宇宙・0・無限大
谷口義明

私たちの想像が及ばないほど広大な宇宙は無限の大きさを持つのか。また、この宇宙に0となる物理量は存在するのか。シンプルながらも深遠な問いに天文学者が果敢に挑む一冊。

978-4-334-04668-2

1262
世界視点で読む
企業戦略とアート
上坂真人

なぜ世界のトップ企業は事業としてアートに投資するのか。日本には何が欠けているのか。ビジネスとしてのアートの役割と活用法を、豊富な事例とデータから分析・提言する。

978-4-334-04669-9